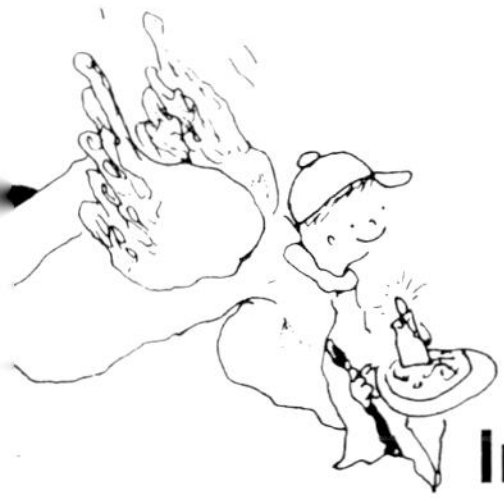

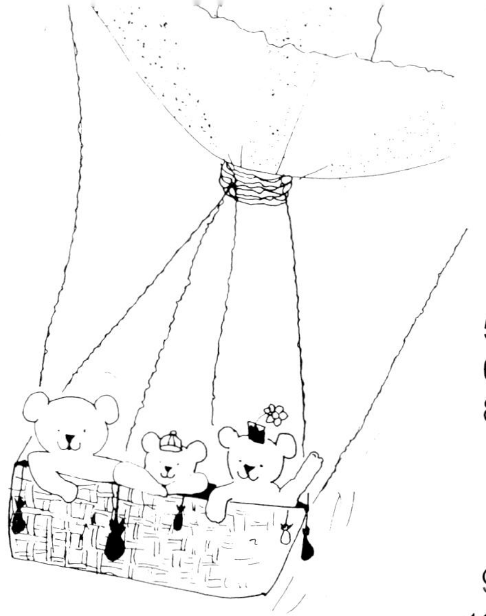

Inhaltsverzeichnis

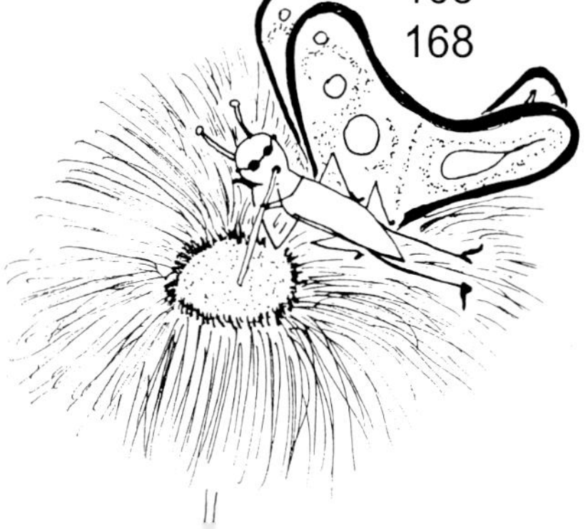

Susi Reichle-Ernst
Ulrike Meyerholz

HEISSE FÜSSE, ZAUBERGRÜSSE

TanzGeschichten für Kinder von 4 – 10 Jahren

Zytglogge
Werkbuch

Impressum

7. Auflage 2007

Copyright	Zytglogge Verlag Bern, 1998
Lektorat	Hugo Ramseyer, Bern
Gestaltung, Layout	Evelin Ostermann, Dresden
Zeichnungen	Elvira Ortiz, New York
Notengrafik	Carlo Jannuzzo, Bern Manuela Jaensch, Kassel
Umschlaggestaltung	Sonja Benz, Bern
Fotos	Friedrich Haun, Borken Susi Reichle-Ernst, Aarau Ulrike Meyerholz, Kassel
Fotoreproduktion	Friedrich Haun, Borken
Druck	AZ Druck und Datentechnik GmbH, Kempten

ISBN 978-3-7296-0565-7
Zytglogge Verlag, Schoren 7, CH-3653 Oberhofen am Thunersee
info@zytglogge.ch, www.zytglogge.ch

Heisse Füsse

Das sind Kinder in Bewegung. Sie spielen und tanzen zur Musik, lassen ihrer Fantasie freien Lauf und zeigen Lebensfreude.

Zaubergrüsse

Das sind Lieder, Geschichten, Fingerspiele, Gedichte und Anregungen zum szenischen Spiel. Sie wecken die kindliche Neugier.

22 Musikstücke auf der Begleit-CD geben Impulse für Bewegung und Tanz in der Gruppe und schaffen - durch eine bewusst einfache Struktur - den Rahmen für spontanes Gestalten. Sie motivieren aber auch zum Üben und Vertiefen von festgelegten Bewegungsformen. Die Musikstücke sind vom Mainzer Studio KLANGRAUM eigens für dieses Projekt komponiert und produziert worden. Bernhard Hering und Martin Wester haben bereits die Musik der Begleit-CD zu „einfach lostanzen" kreiert.

Zielgruppe des Werkbuchs „Heisse Füsse, Zaubergrüsse" sind Kinder von 4-10 Jahren in Kindergarten und Grundschule, in der Musikschule, im Sportverein sowie im Tanz- und Gymnastikstudio.

Die Anregungen für Spiel und Tanz haben durchgängig kooperativen Charakter. Nur so kann sich ein Freiraum für kreatives Tun entfalten. Die Kinder werden ermutigt, ihre eigene Bewegungssprache zu finden und mit ihrem Körperausdruck zu experimentieren. Die Musikstücke erzählen ganz unterschiedliche Geschichten, die alle der Erlebniswelt der Kinder entstammen, und sie machen **Lust auf Bewegung**.

Zum Umgang mit dem Buch

Der Jahreskreis mit seinen jahreszeitlichen Besonderheiten gibt den einzelnen Kapiteln einen äusseren Rahmen.

Um jede Jahreszeit rankt sich ein buntes Treiben von schillernden Wesen wie Schmetterlinge, federleichte Prinzessinnen, dicke Könige und kleine Gespenster. Der Übergang zur nächsten Jahreszeit ist ein Moment der Ruhe und Entspannung: Eine Fantasiereise zu einer Entspannungsmusik lädt zum bewussten Ausruhen und Atemholen ein.

Die Jahreszeiten fächern sich in mehrere Kapitel auf. Zu jedem Kapitel gehört ein Musikstück auf der Begleit-CD. Die Kapitel beginnen mit einem Ideenpaket, das die verschiedensten Aufgabenstellungen, die sich mit der Thematik und der Musik auseinandersetzen, komprimiert darstellt. Die Nummerierung der Ideenpakete stimmt mit der Kennzahl der Musikstücke auf der CD überein. Das CD-Logo hilft zusätzlich, die Erklärungen im Buch zu finden. Für alle Ideenpakete gilt die Einteilung in 4 „Päckchen“:

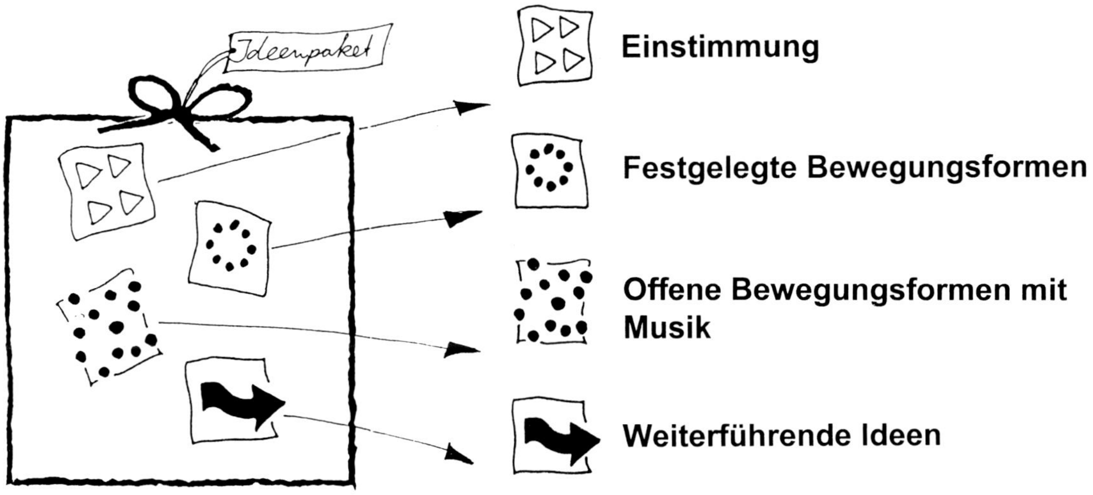

Diese tabellarische Darstellung soll einen ersten Überblick verschaffen. Die Ideenpakete sind ausserdem für Gruppenleiterinnen gedacht, die schon praktische Erfahrung in elementarer Musik- und Tanzpädagogik haben und über die stichwortartige Aufgabenstellung sofort erfassen, wie diese umsetzbar ist.

Die Aufgaben, die im Ideenpäckchen **Einstimmung** zu finden sind, eignen sich besonders als Stundenanfang oder als Einstieg in das Thema: Bewegungsspiele, Geschichten und Lieder eröffnen das Kapitel. Konzentriertes Hören der zum Kapitel gehörenden Musik stimmt die Kinder auf den gestalterischen Spielraum ein.

Durch die Anregungen in **Offene Bewegungsformen mit Musik** lernen die Kinder die Struktur der Musik genauer kennen. Die Aufgaben haben oft Improvisationscharakter und ermöglichen neue Bewegungserfahrungen. Die „offenen Bewegungsformen mit Musik" beziehen sich immer auf die Musikstücke der Begleit-CD.

Die **Festgelegten Bewegungsformen mit Musik** sind klar vorgegebene Bewegungsabläufe im Rahmen kleiner Tanzformen, die vorher erfahrene Bewegungen aufgreifen und weiterentwickeln. Sie können und sollen für die Anforderungen in der Praxis variiert werden. Die festgelegten Bewegungsformen, die hier im Buch notiert sind, werden gerne von den älteren Kindern unserer Zielgruppe ausgeführt, da die Bewegungstechnik und die komplexere Folge von Bewegungsabläufen höhere Anforderungen stellen. Für eine erfahrene Kindergruppe jüngeren Alters sind sie durchaus ebenso geeignet.

Weiterführende Ideen öffnen den Blick über Musik und Bewegung hinaus zu Bilderbüchern, Liedern und szenischem Spiel, die das Thema vertiefen.

Die einzelnen Aufgaben haben zwar durch ihre Zuordnung zu den vier Gruppierungen einen Bezug zu diesen tragenden Elementen einer Unterrichtseinheit. Sie können jedoch, variabel und losgelöst von dem grossen thematischen Umfeld, spontan als Auflockerung in einer ganz anderen Situation eingesetzt werden. Auf bestimmte Altersangaben haben wir bewusst verzichtet, da die Kinder mit unterschiedlichsten Erfahrungen und Fähigkeiten in die Gruppen kommen.

Da überwiegend weibliche Lehrkräfte Kinder unserer Zielgruppe unterrichten, haben wir uns - der Einfachheit halber - entschlossen, die Lehrperson durchgängig als Gruppenleiterin zu bezeichnen.

Kassel/Aarau 1998
U.M./S.R.

Musikinstrumente

Die in diesem Buch häufig verwendeten Instrumente sind so abgebildet, dass man ihre Haltung und Spielweise erkennen kann:

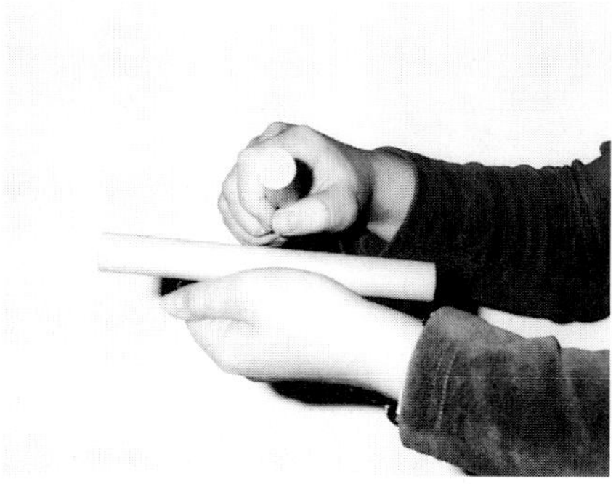

KLANGHÖLZER

EIN PAAR CYMBELN

BECKEN

TRIANGEL

XYLOPHON

HANDTROMMEL

EIN SELBSTGEMACHTES SCHELLENBAND
SO … … ODER SO GESPIELT

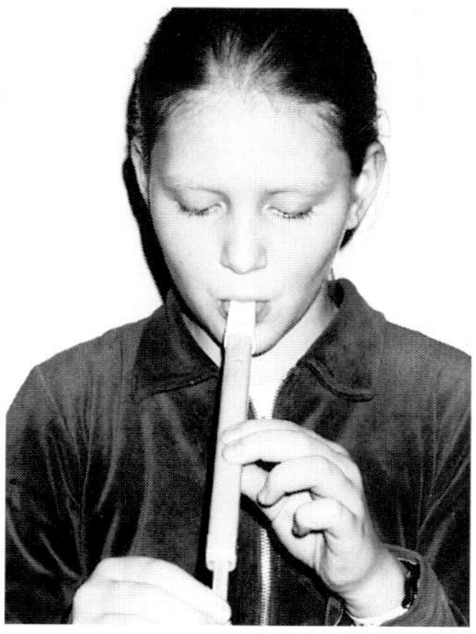

LOTOSFLÖTE

TIERE ERWACHEN

Ideenpaket 1: „Tiere erwachen“ 1

Einstimmung

1.	Gespräch über Tiere, die einen Winterschlaf halten
2.	Einzelne Körperteile aufwecken
3.	Schlafhöhlen für die Tiere bauen
4.	Verschiedene Instrumente werden als Wecker benutzt
5.	Körperteile-Schüttelspiel mit Instrumenten

Offene Bewegungsformen mit Musik

1.	A Rollende Bewegungen am Boden	B Ausgelassenes Hüpfen und Springen
2.	Aufweckspiel mit Instrumenten	

Festgelegte Bewegungsformen mit Musik

1.	„Wach-doch-jetzt-auf-Tanz“	
	A Alle Kinder schleichen auf Zehenspitzen vorsichtig im Kreis um ein schlafendes Kind herum.	B Mit rhythmischem Stampfen und Klatschen wird der Schläfer aufgeweckt. Dieser sucht einen neuen Schläfer aus.

Weiterführende Ideen

1.	„Sonnenlied“, von Gerda Bächli
2.	Bilderbuch: „Wir schlafen, bis der Frühling kommt“, von Susanne Riha
3.	„Erste Sonnenstrahlen“ (Fantasiereise zu Musik) 3
4.	Bärenfangen-Spiel

DIE BÄREN ERWACHEN

Erläuterungen zum Ideenpaket

Einstimmung

1. **Gespräch über Tiere, die einen Winterschlaf halten**

Es ist allgemein bekannt, dass Bären, Igel und Murmeltiere im Winter schlafen. Aber auch der Siebenschläfer und die Haselmaus überwintern in einem kuscheligen Nest, während es die Fledermaus in einer feuchten Höhle gemütlicher findet. Der Dachs schläft in seinem Bau. Auch Frösche, Schnecken und Zitronenfalter ziehen sich zu einer Art Winterschlaf zurück. Eichhörnchen und Hamster wachen ab und zu vor Hunger auf. Sie haben aber im Herbst vorgesorgt und Futter gesammelt. In einem Gespräch können diese Informationen nach und nach vermittelt werden. Dabei sind Bilder der einzelnen Tiere hilfreich.

2. **Einzelne Körperteile aufwecken**

Alle Kinder nehmen eine bequeme Haltung ein. Das kann im Sitzen oder im Liegen sein. Verbal bestimmt die Gruppenleiterin den Verlauf des Aufwachens der einzelnen Körperteile, z.B.: „Der rechte Zeigefinger wird langsam wach. Er räkelt sich und streckt sich. Dann denkt er sich: ‘oh, ist das langweilig so ganz alleine, ich wecke jetzt die linke Hand auf.’ Er pikst die linke Hand. Diese gähnt ganz ausgiebig und schaut sich langsam um. ‘Hallo, Zeigefinger, wo sind denn alle andern? Ich wecke jetzt die rechte Schulter auf.’ Aber die Schulter ist noch schrecklich müde. Sie zuckt nur dreimal und schläft weiter.“ Die Gruppenleiterin fährt fort, bis der ganze Körper wach ist.

3. **Schlafhöhlen für die Tiere bauen**

Aus vorhandenen Requisiten wie Stühle, Tische, Decken, Tücher, Kartons, Matten, Reifen usw. werden gemeinsam Winterquartiere für verschiedene Tiere gebaut, die als Schlafplatz für die nächsten Aufgaben dienen können.

4. **Verschiedene Instrumente werden als Wecker benutzt**

Die Kinder schlafen in den Schlafhöhlen (s. Aufgabe 3) oder in Gymnastikreifen, die auf dem Boden verteilt liegen. Jeder Höhle oder jedem Reifen wird ein anderes klingendes Instrument zugeordnet. Die Instrumente liegen in der Mitte des Raumes bereit. Ein Kind hat keine Höhle. Es spielt eines der Instrumente und weckt damit den dazu gehörenden Schläfer auf. Der streckt sich, kommt aus seiner Höhle und geht zu den Instrumenten. Der erste „Aufwecker" darf sich nun in der freigewordenen Höhle schlafen legen, muss sich aber genau merken, welches Instrument sein Wecker ist. Als Erinnerungshilfe für die Kinder kann in jeder „Höhle" ein zweites identisches Instrument hinterlegt werden.

Variation: Es können auch zwei „Aufwecker" gleichzeitig tätig sein.

5. **Körperteile-Schüttelspiel mit Instrumenten**

Zur Instrumentalbegleitung der Gruppenleiterin (Bongos, Klavier oder eingespielte Musik) bewegen sich die Kinder frei im Raum. Wenn die Musik stoppt, nennt die Gruppenleiterin einen Körperteil, den jedes Kind zu ihrer Rasselbegleitung durch kräftiges Schütteln aufweckt.

„Tiere erwachen“

Melodie

Vorspiel

A

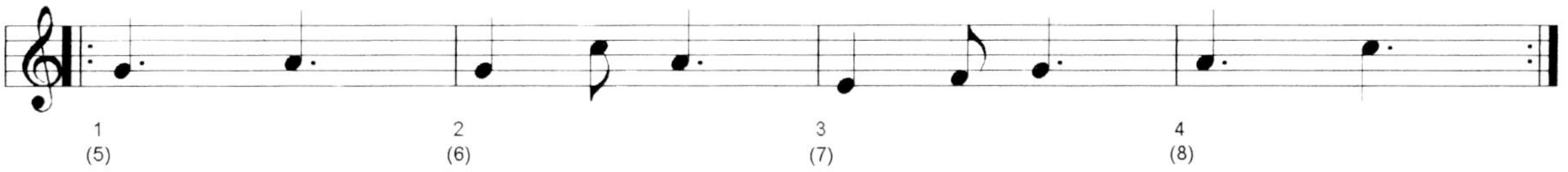

B

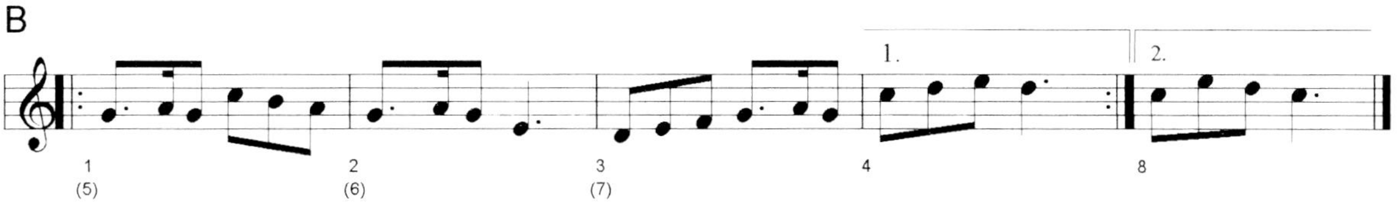

Form

Vorspiel: 2 Takte

A	Zwischen-spiel	B	A	Zwischen-spiel	B	A	Zwischen-spiel	B	A	Zwischen-spiel	B	B
8 Takte	3 Schläge	8 Takte	8 Takte	3 Schläge	8 Takte	8 Takte	3 Schläge	8 Takte	8 Takte	3 Schläge	8 Takte	8 Takte
	schnelleres Tempo			schnelleres Tempo			schnelleres Tempo			schnelleres Tempo		

Offene Bewegungsformen mit Musik

1. **Langsam rollende Bewegungen am Boden - ausgelassenes Springen**

A-Teil	B-Teil
Alle Kinder liegen am Boden und kuscheln sich in einer beliebigen Schlafstellung zusammen. Zu der sanften Musik des A-Teils rollen sie vorsichtig auf dem Rücken hin und her. Gegen Ende des A-Teils räkeln und strecken sich die Kinder und erheben sich langsam. Sie stellen Tiere dar, die nach dem langen Winterschlaf langsam aufwachen.	Zu der lebhaften Musik hüpfen und tanzen die Kinder ausgelassen kreuz und quer durch den Raum. Gegen Ende des B-Teils bewegen sich die Kinder wieder zurück zu ihrer Schlafhöhle.

Im Gespräch mit den Kindern kann vor dem Tanzen festgelegt werden, ob nur eine Tierart, z.B. Bären dargestellt werden soll, oder ob in jeder Strophe eine neue Tierart „aufwacht“.

2. **Aufweckspiel mit Instrumenten**

Die Kinder sitzen im Stuhlkreis oder im Kreis auf dem Boden. Jedes hat ein beliebiges Schlaginstrument vor sich liegen und stellt sich schlafend.

A-Teil	B-Teil
1. Strophe: Zum ersten Teil der Musik schleicht ein Kind von Schläfer zu Schläfer und weckt schließlich ein Kind auf. Das Instrument, das vor dem Schläfer liegt, ist der Wecker und wird entsprechend gespielt. **2. Strophe:** Während der zweiten Strophe sind nun zwei „Weckerkinder“ unterwegs und suchen sich wieder jeweils ein Kind aus, das sie wecken. Bei der dritten Strophe sind es nun schon vier „Weckerkinder“, bei der vierten acht usw., bis alle Kinder aufgeweckt worden sind.	**1. Strophe:** Das aufgeweckte Kind und das Weckerkind tanzen kreuz und quer im Kreis der anderen Kinder. Sie können jedes für sich oder paarweise mit gefassten Händen hüpfen und springen. **2. Strophe:** Im zweiten B -Teil tanzen nun schon vier Kinder oder zwei Paare zusammen.

Dieses Spiel kann auch ohne Instrumente durchgeführt werden. Jedes „Weckerkind“ kann sich eine Möglichkeit aussuchen, wie es seinen Schläfer wecken will: Die Stimme imitiert einen Wecker, dem Schläfer werden sanfte Worte ins Ohr geflüstert oder er wird „wachgestreichelt“.

Festgelegte Bewegungsformen mit Musik

1. **„Wach-doch-jetzt-auf-Tanz“**

A-Teil	B-Teil
Alle Kinder stehen im Kreis. In der Mitte liegt ein Kind, das ein schlafendes Tier darstellt. Mit 16 langsamen Schritten schleichen die Tänzer auf Zehenspitzen entgegen dem Uhrzeigersinn auf der Kreisbahn. Das schlafende Tier darf nicht gestört werden.	Der Weckruf „Wach-doch-jetzt-auf“ wird zuerst viermal mit Fussstampfen begleitet, danach viermal mit Klatschen. Der Spruch soll rhythmisch genau zur Musik gesprochen werden:  Das schlafende Kind wacht dabei pantomimisch auf, räkelt und streckt sich und sucht sich gegen Ende des B-Teils ein neues Kind aus, das in der nächsten Runde das schlafende Tier darstellt.

EINE GEMÜTLICHE BÄRENHÖHLE

Weiterführende Ideen

1. **„Sonnenlied", von Gerda Bächli**

Gerda Bächli, „Zirkus Zottelbär", pan 107, Musikverlag Pan AG, Zürich, 1985.

Dieses strahlende, verschmitzte Sonnenlied geht den Kindern schnell ins Ohr. Die dazu ausgeführten Fingerspiel-Gesten entwickeln zusammen mit dem Text eine besondere Intensität. Durch langsames, schnelles oder besonders leises Singen können die unterschiedlichen Szenarien am Himmel dargestellt werden: Am Morgen ist die Sonne selbst noch ein wenig müde (Alle singen das Lied langsam und räkeln sich bei den Bewegungen). Ein Wind kommt auf und treibt die Wolken schneller vor sich her (Das Lied wird etwas schneller gesungen). Am Abend muss auch die Sonne wieder schlafen gehen (Ein letztes Mal wird das Lied so leise wie möglich durchgespielt).

Gross ist die Sonne... ...ohne Sonne sein ...zugedeckt ...versteckt

2. **Bilderbuch: „Wir schlafen, bis der Frühling kommt", von Susanne Riha**

Das Bilderbuch von Susanne Riha, erschienen im Annette Betz Verlag (München 1987), ist etwas ganz Besonderes: Eine Fülle von naturgetreuen Darstellungen, die eine wunderbare poetische Ausstrahlung haben, erschliessen dem Betrachter ausführlich, wie die einzelnen Tiere den Winter verbringen. Die dazugehörenden Texte greifen die Atmosphäre der Bilder auf und entwickeln einfühlsam eine ganz persönliche Beziehung zu dem jeweils vorgestellten Tier.

3. **„Erste Sonnenstrahlen" (Fantasiereise zu Musik)**

Zappelkinder, von einer inneren Unruhe getrieben, sind heute in fast jeder Kindergruppe vertreten. Sich gemütlich auf eine Decke oder Matte legen, die Augen schliessen und mit der Sonnenstrahlen-Musik auf eine Fantasiereise gehen, tut jedem Kind gut. Als Schlussphase einer Stunde eignet sich diese Art der Selbstbesinnung besonders gut. Die Gruppenleiterin erzählt mit ruhiger Stimme, wo die Sonnenstrahlen überall hinkommen. Sie kann die Geschichte frei erfinden und Begebenheiten aus der Stunde miteinflechten oder die Geschichte von Seite 35 vorlesen.

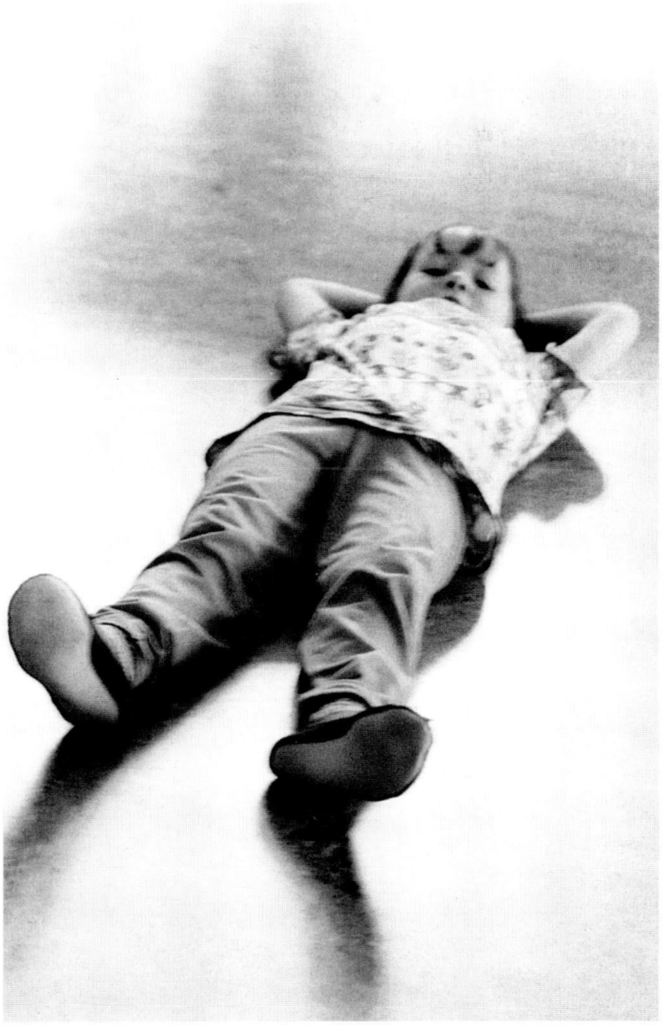

AUSRUHEN, ENTSPANNEN, TRÄUMEN

4. **Bärenfangen-Spiel**

Ein Kind ist der Bär. An einer Schmalseite des Raumes ist seine „Höhle". Die anderen Kinder stehen gegenüber und „reizen" den Bär mit dem Lied. Danach fangen sie an laut zu zählen und klatschen dazu. Plötzlich kommt der Bär aus seiner Höhle und versucht, ein Kind zu fangen. Mit seiner „Beute" geht er zurück zur Höhle. Sie gehören nun zusammen und verabreden eine Zahl zwischen 1 und 10, bei der sie in der nächsten Runde aus der Höhle stürzen. Das letzte Kind, das nicht gefangen wurde, ist der nächste Bär für eine zweite Runde.

HIER SIND WIR SICHER !

SCHMETTERLINGSTANZ

Ideenpaket 2: „Schmetterlingstanz"

Einstimmung

1.	Musikhören
2.	Lied: „Schmetterling, du kleines Ding"
3.	Raupe spielen - Schmetterling spielen (Reaktionsspiel)
4.	Blume spielen (Reaktionsspiel)

Offene Bewegungsformen mit Musik

1.	Alle Kinder sind Blumen (Reaktionsspiel zur Musik)	
2.	Alle Kinder sind Schmetterlinge (Reaktionsspiel zur Musik)	
3.	A Schmetterlinge fliegen über eine Blumenwiese.	B Die Blumen öffnen sich, die Schmetterlinge saugen Nektar.

Festgelegte Bewegungsformen mit Musik

1.	A Schmetterlinge mit Chiffontücher-Flügel fliegen über eine Blumenwiese.	B Eine grosse Blume öffnet ihre Blütenblätter, die Schmetterlinge saugen Nektar.

Weiterführende Ideen

1.	Tanz in eine Bilderbuchgestaltung der „Raupe Nimmersatt" miteinbeziehen
2.	Lied: „Flieg bunter Schmetterling"
3.	Harfe als Instrument vorstellen

JEDER SCHMETTERLING SUCHT SICH EINE BLUME

Erläuterungen zum Ideenpaket

Einstimmung

1. **Musik hören**

Alle hören gemeinsam die Musik „Schmetterlingstanz". Wichtig dabei ist, daß die Kinder eine Position einnehmen, in der sie sich wohl fühlen und auch konzentrieren können. Dies kann ein gemeinsamer Kreis sein, oder es sucht sich jedes Kind z.B. auf einer Decke seinen Platz im Raum. Die Kinder können danach erzählen, was sie gehört haben. Die Gruppenleiterin lenkt das Gespräch durch gezielte Fragen über den Charakter der Musik auf das Thema „Schmetterlinge" („Ist die Musik schwer, ist sie leicht, passiert etwas Besonderes in der Musik?").

DIE BEWEGUNGEN DER SCHMETTERLINGSFLÜGEL MÜSSEN GUT GEÜBT WERDEN

2. **Lied: „Schmetterling, du kleines Ding“**

Text u. Musik: trad.

Um ein kleines Bewegungsrepertoire zum Thema Schmetterling zu erarbeiten, eignet sich dieses traditionelle Kinderlied sehr gut. Zwei Chiffontücher für jedes Kind sind dabei hilfreich, aber nicht unbedingt notwendig. Am Text können sich die Kinder orientieren, welche Bewegungen dran sind.

Text:	Bewegungen:
Schmetterling, du kleines Ding, such dir eine Tänzerin.	Beide Arme wie Schmetterlingsflügel seitlich auf und ab bewegen.
Juchheirassa, juchheirassa, oh wie lustig tanzt man da.	Sich um die eigene Achse drehen und mit ausgebreiteten Armen die Tücher fliegen lassen. Sich vorsichtig beim Drehen im Raum fortbewegen und einen Partner über Blickkontakt finden.
Lustig, lustig wie der Wind, wie ein kleines Blumenkind. Lustig, lustig wie der Wind,	Die Hände wedeln die Tücher vor dem Körper auf und ab und „machen Wind“. Die Hände bewegen sich dabei gegengleich.
wie ein Blumenkind!	Arme hoch über den Kopf führen und wie eine Blume öffnen.

3. **Raupe spielen - Schmetterling spielen (Reaktionsspiel)**

Um die feine Bewegung des Schmetterlings noch deutlicher hervorzuheben, wird ihr in diesem Reaktionsspiel eine kontrastierende Bewegung gegenübergestellt. Hier bietet sich als Gegensatz zum Schmetterling die kriechende Bewegung der Raupe an. Die Kinder sollen auf zwei verschiedene Instrumente mit entsprechenden Bewegungen reagieren. Ein Instrument, z.B. ein Reco-Reco (oder Vibraslap, Flexaton, Rassel, hartes Glissando auf Xylophon), steht für die Raupe, das andere, z.B. ein Triangel (oder Metallophon, Fingercymbeln), für den Schmetterling. Die Gruppenleiterin variiert die Länge der einzelnen Spielsituationen, so macht das Reagieren für die Kinder mehr Spass. Mit der Zeit können auch Kinder das Instrumentenspiel übernehmen und die Gruppenleiterin macht bei den Bewegungen mit.

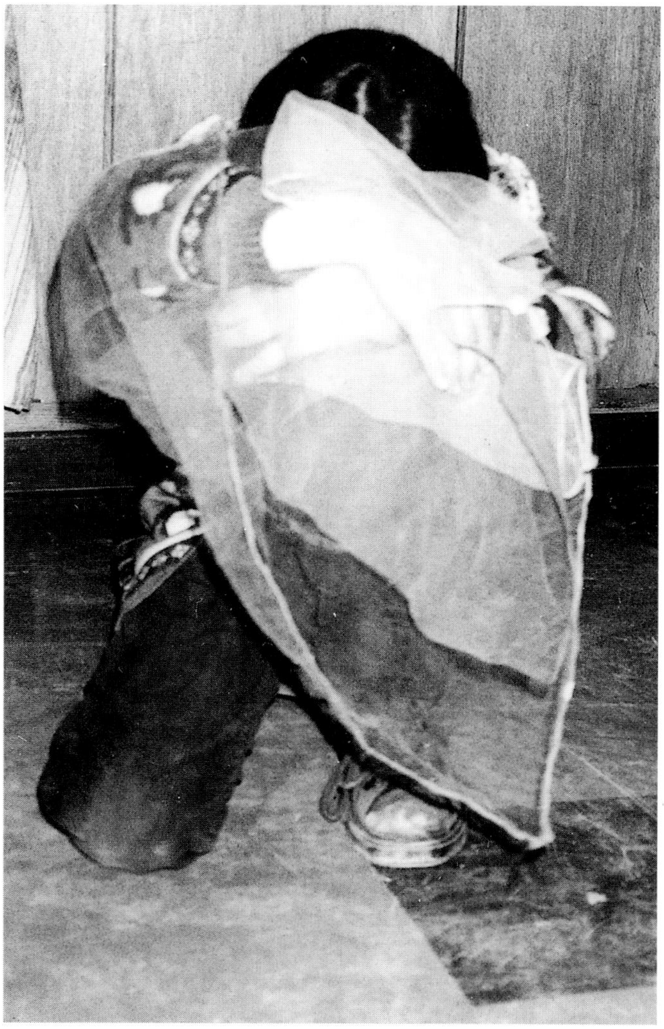

DIE BLÜTE HAT SICH GESCHLOSSEN.

4. **Blume spielen (Reaktionsspiel)**

Das Öffnen und Schliessen der Blume wird durch dieses Spiel vorbereitet.

Spielverlauf	Bewegung
Alle Kinder sind Blumenzwiebeln, die tief in der Erde stecken.	Gut im Raum verteilt, kniet jedes Kind auf dem Boden und macht sich ganz klein.
Die Gruppenleiterin giesst die Zwiebeln.	Sie stellt diese Bewegung pantomimisch mit einem Giessgeräusch dar.
Die Zwiebeln fangen an zu wachsen.	Unter verbaler Anleitung der Gruppenleiterin strecken die Kinder zuerst ganz langsam einen Arm in die Höhe, dann den andern, bis sie ganz aufgerichtet, die Arme über dem Kopf erhoben, dastehen.
Die Blumenblüten öffnen sich. (Die Gruppenleiterin gibt den Impuls für die Bewegung der Kinder mit einem Glissando aufwärts auf einem Metallophon.)	Die Kinder öffnen ihre Arme und führen sie seitlich, bis sie eine offene Blüte darstellen.
Die Sonne geht unter, die Blüten schliessen sich.(Die Gruppenleiterin spielt ein Glissando abwärts.)	Die Kinder führen ihre Arme wieder über den Kopf.
Am nächsten Tag geht die Blüte noch einmal auf (Glissando aufwärts).	Die Kinder öffnen die Arme.
Langsam verwelkt die Blüte.	Unter verbaler Anleitung der Gruppenleiterin lösen die Kinder einen Körperteil nach dem andern, bis sie auf der Erde liegen.

„Schmetterlingstanz“

Melodie

A

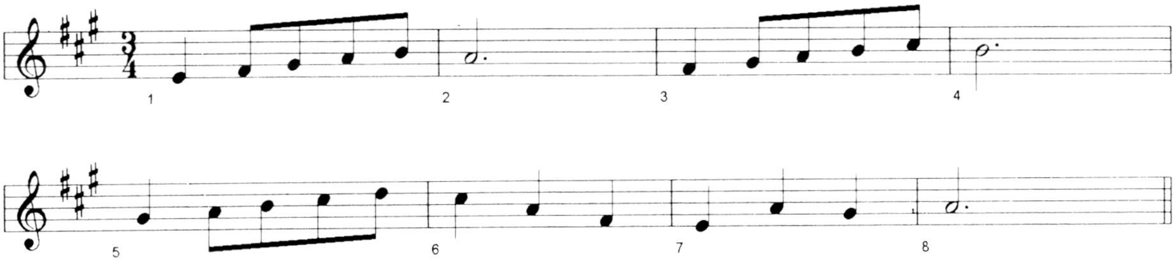

B

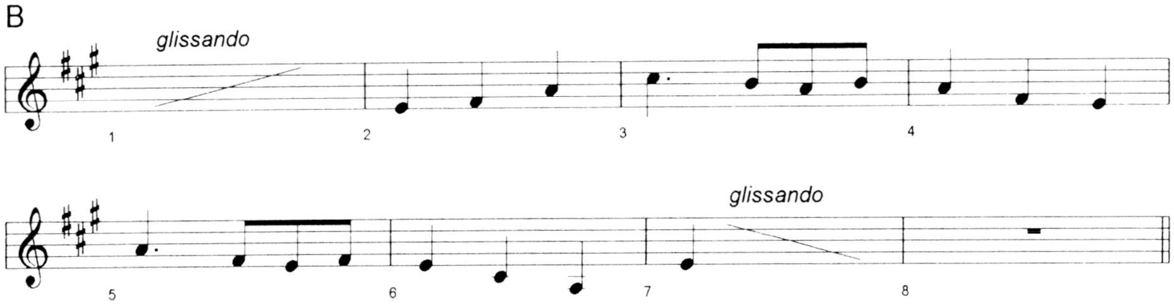

Form

Vorspiel: 2 Takte

A	B	A	B	A	B	A	B
8 Takte	8 Takte	8 Takte	8 Takte	8 Takte	8 Takte	8 Takte	8 Takte Fade out

Offene Bewegungsformen mit Musik

1. **Alle Kinder sind Blumen (Reaktionsspiel zur Musik)**

Jedes Kind stellt eine Blume dar. Sie wachsen auf einer grossen Wiese.

A- Teil	B-Teil
Die Blumen wiegen sich mit geschlossenen Blütenblättern sanft zur Musik. Die Arme sind hoch über dem Kopf.	Beim Glissando aufwärts öffnen sich die Blütenblätter. Sie bleiben geöffnet, bis sie sich beim Glissando abwärts wieder schliessen.

Die Gruppenleiterin sollte darauf achten, dass die Bewegungen der Kinder passend zur Musik ausgeführt werden. Die Genauigkeit der Bewegungen verstärkt das gemeinsame Erlebnis.

2. **Alle Kinder sind Schmetterlinge (Reaktionsspiel zur Musik)**

Alle Kinder stellen Schmetterlinge dar. Jeder Schmetterling hat ein Chiffontuch in jeder Hand und sucht sich einen Platz am Rande des Raumes.

A-Teil	B-Teil
Die Schmetterlinge „fliegen" mit grossen Armbewegungen im Raum umher .	Beim Glissando aufwärts lassen sie sich auf einer imaginären Blume nieder und saugen Nektar, bis das Glissando abwärts wieder erklingt.

Es ist wichtig, darauf zu achten, dass die Kinder in ihrem gesamten Bewegungsausdruck eine gewisse Leichtigkeit bekommen. Man kann sie darauf aufmerksam machen, daß Schmetterlinge nicht trampeln können. Anstelle der imaginären Blumen können echte Wiesenblumen im Raum verteilt werden. Mit verschiedenen Parfums beträufelte Papierblumen sind eine besondere Überraschung für die Kindernasen.

BEREIT ZUM FLUG ÜBER DIE WIESE

3. **Eine Hälfte der Gruppe stellt Schmetterlinge dar, die andere Hälfte Blumen**

Die Schmetterlinge befinden sich am Rand des Raumes, die Blumen sind gleichmässig im Raum verteilt.

A-Teil	B-Teil
Die Schmetterlinge „fliegen" leichtfüssig durch den Raum. Die Blumen wiegen sich sanft am Platz.	Beim Glissando aufwärts öffnen sich die Blumen, und die Schmetterlinge suchen sich eine Blume aus, um Nektar zu saugen. Beim Glissando abwärts schließen sich die Blüten wieder.

Der Tanz sollte noch ein zweites Mal getanzt werden, damit jedes Kind einmal Blume und einmal Schmetterling spielen kann.

Festgelegte Bewegungsformen mit Musik

1. **Schmetterlinge fliegen über eine Blumenwiese**

Ein Teil der Kinder stellt gemeinsam eine grosse Blume dar. Die Blumenkinder sitzen in der Mitte des Raumes eng im Kreis. Die „Schmetterlinge“ sind mit jeweils zwei Chiffontüchern ausgestattet, die mit einer Sicherheitsnadel am Rücken befestigt sind. Bevor die Musik beginnt, hat jeder Schmetterling einen Platz am Rand des Raumes.

A-Teil	B-Teil
Die Blumenkinder verharren während des ganzen A-Teils im gebückten Fersensitz auf dem Boden. Die Schmetterlinge fliegen mit einer festgelegten Bewegungsfolge durch den Raum: **Takt 1-2:** Mit sechs Schritten, ein Schritt entspricht einer Viertelnote, leichtfüßig vorwärts gehen. Dazu werden auf drei Schritte die Arme seitlich über den Kopf geführt, zu den nächsten drei Schritten wieder hinunterbewegt (=langsamer Flügelschlag). Die Arme sind dabei gestreckt. **Takt 3-4:** Mit sechs Schritten um sich selbst drehen, den Flügelschlag wie in Takt 1-2 dazu ausführen **Takt 5-8:** wie Takt 1-4	**Takt 1:** Die Blume öffnet sich: Die Blumenkinder heben gemeinsam die Arme und richten den Oberkörper ganz auf. Die Schmetterlinge eilen mit kleinen schnellen Tippelschritten zur Blume. **Takt 2-7:** Die Schmetterlinge saugen pantomimisch Nektar. Die Blume verharrt in der geöffneten Stellung. **Takt 8:** Die Blume schliesst sich wieder, die Kinder nehmen die Ausgangsposition ein. Die Schmetterlinge entfernen sich von der Blume.

Die Koordination der Armbewegungen und der Schritte zur Musik muss unbedingt vorher geübt werden. Zuerst zeigt die Gruppenleiterin die Schritte. Nachdem die Armbewegungen ausprobiert worden sind, wird beides zusammen ausgeführt. Es bleibt jedem überlassen, dieses Tanzspiel mit noch mehr Requisiten auszustatten, z.B. Haarreifen mit Fühlern, grünen Kleidern für die Blumen usw.

GLEICH WIRD SICH DIE BLÜTE ÖFFNEN.

Weiterführende Ideen

1. Tanz in eine Bilderbuchgestaltung der „Raupe Nimmersatt“ miteinbeziehen

Ein Bilderbuch-Klassiker schlechthin ist die „Raupe Nimmersatt“ von Eric Carle. Weder Kinder noch Erwachsene können sich dem Zauber der Geschichte entziehen, die die wunderbare Verwandlung einer kleinen gefrässigen Raupe zum Schmetterling erzählt. Haben die Kinder die Raupe Nimmersatt ins Herz geschlossen, sind Jungen wie Mädchen begeistert dabei, die Geschichte darzustellen. Wenn die Kinder bereit sind, das Spiel mehrmals zu wiederholen und Übergänge zu üben, eignet sich die Geschichte sehr für einen Beitrag zu einem Frühlings- oder Sommerfest.

Die Raupe selbst besteht aus bis zu zehn Kindern, die hintereinander jeweils ihre Hände auf die Schultern des vorderen Kindes legen. In ihren Hosentaschen verbergen sich zwei Chiffontücher, die nach der Verwandlung als Schmetterlingsflügel gebraucht werden.

Alle Kinder haben ein grünes T-Shirt an, das Raupenkopf-Kind ist eventuell mit einem Haarreif, an dem Fühler angebracht sind, ausgestattet.

Ganz wichtig sind die Früchte, durch die sich die Raupe frisst: Gymnastikreifen werden von beiden Seiten mit Papier beklebt und je nach Fruchtart entsprechend bemalt. Damit die Kinderraupe sich durchfressen kann, wird die Frucht mit ca. 30 cm langen Schnitten sternförmig in der Mitte aufgeschnitten. Ein Erwachsener oder zwei Kinder halten jeweils eine Frucht senkrecht, dass die Kinderschlange durchkriechen kann. Es empfiehlt sich, nicht alle Früchte, Torten, Käse und saure Gurken darzustellen, da die Kinder doch sehr lange brauchen, um sich durch einen der verkleideten Reifen zu winden. Wichtig ist das grüne Blatt zum Schluss, damit es der Raupe nach der Schlemmerei mit Wurst, Torte und Käse wieder besser geht.

Die Raupe baut sich nun einen Kokon. Dies kann durch ein großes leichtes Tuch dargestellt werden, in das die Kinder sanft eingehüllt werden. Nun haben sie die Gelegenheit, ihre Chiffontücher aus den Taschen zu ziehen. Wenn sich der Kokon lüftet, fliegen sie als bunte Schmetterlinge davon.

Ein kleines „Orchester" kann das Spiel begleiten: Beliebige Xylophonschläge stellen die Schrittchen der Raupe dar. Ein kleines Xylophon-Motiv, das immer wiederholt wird, ist noch spannender. Wenn die Raupe frisst, ist ein leises Ratschen auf einem Reco-Reco (= Gurke, = Guiro) oder ein leichtes Kratzen auf einer Trommel zu hören. Die musikalische Begleitung für die Verwandlung unter dem Tuch kann sich ganz nach den vorhandenen Instrumenten richten: Sensible Schläge auf langklingenden Instrumenten bauen eine große Spannung auf, aber auch mit anderen Instrumenten kann auf die geheimnisvolle Verwandlung vorbereitet werden.

Die aufgebaute Spannung entlädt sich mit dem Ausfliegen der Schmetterlinge. Die Kinder sind selbst so davon in Anspruch genommen, daß es für sie recht schwierig ist, noch ein Lied dazu zu singen. Hier kann der Schmetterlingstanz den Bewegungsdrang und die Gestaltungsfreude der Kinder gut auffangen. Nach dem Schmetterlingstanz ist die Bereitschaft für ein Lied wieder grösser, und das Lied „Schmetterling, du kleines Ding" kann den Abschluß der Geschichte bilden.

2. Lied: „Flieg, bunter Schmetterling“

Musik: Bernhard Hering, Martin Wester
Text: Ulrike Meyerholz, Susi Reichle-Ernst

Flieg bunter Schmetterling,
flieg bunter Schmetterling,
such dir die schönste Blume,
schon öffnet sie sich.
Hol dir den süssen Saft der Blume,
den süssen Saft der Blume ah mhhh.

Flüg schönä Schmätterling,
flüg schönä Schmätterling,
flüg zu dr schönschtä Blüetä,
sie wartet uff di.
Suug dir dr Nektar druss dä süessi,
dr Nektar druss dä süessi ah mhhh.

Das Lied besteht aus der Melodie des Schmetterlingstanzes. Für die Kinder ist der Text eine hilfreiche Orientierung, um A- und B-Teile zu unterscheiden. Er beschreibt in einfachen Worten, was in dem Tanz passiert. Das Lied kann zum Tanz gesungen werden oder auch selbständig dem Bewegungsspiel einen Rahmen geben.

3. **Harfe als Instrument vorstellen**

Ein ganz wichtiger Bewegungsimpuls für das Öffnen und Schliessen der Blütenblätter im „Schmetterlingstanz“ kommt von der Harfe. Da Harfenspieler recht selten sind, werden die meisten Gruppenleiterinnen dieses faszinierende Instrument über Bildmaterial und Tonbeispiele vorstellen. Spannt man mehrere Haushaltsgummis verschiedener Größe über einen kleinen Bilderrahmen ohne Glas und Rückfläche und ordnet sie nach Tonhöhen, kann zumindest ein kleiner Einblick in die Tonentstehung gegeben werden.

ALEXANDER SPIELT AN SEINER KELTISCHEN HARFE

ERSTE SONNENSTRAHLEN

3. „Erste Sonnenstrahlen“

Fantasiereise zu Entspannungsmusik

Nach der dunklen Jahreszeit des Winters sind alle hungrig nach Wärme und Licht. Die Kinder lassen sich gerne auf das Bild ein: „Auf einer Frühlingswiese liegen und die ersten warmen Sonnenstrahlen geniessen“. Jeder sucht sich einen angenehmen Platz im Raum, vielleicht stehen Decken zur Verfügung, auf die man sich legen kann. Alle Kinder schliessen die Augen.

Die Gruppenleiterin erzählt zur Musik, wer die ersten warmen Frühlingsstrahlen ebenso sehnsüchtig erwartet wie die Kinder. Sie beschreibt mit ruhiger Stimme, wie Menschen und Tiere aus der unmittelbaren Umgebung diese wunderbaren Sonnenstrahlen geniessen:

„Nachbars Katze hat das schönste Plätzchen gefunden, geschützt an der Hauswand lässt sie die Sonnenstrahlen auf ihrem weichen Fell tanzen. Genüsslich räkelt sie sich in der Sonne. Die Nachbarin hat die Fenster weit geöffnet, um Licht und Luft in ihre Wohnung zu lassen. Sie schliesst die Augen, atmet die frische Luft ein und spürt auf dem Gesicht, wie warm die Sonne schon ist.
Die harte Erde im Garten erwärmt sich und wird ganz weich, so dass sich der Regenwurm wieder voranarbeiten kann. Die Blumenzwiebeln in der Erde beginnen langsam, langsam, aber stetig zu wachsen. Schon schauen überall grüne Spitzen aus der Erde heraus. Ein paar Schneeglöckchen sind in voller Blüte und wiegen sich sanft hin und her.
Ein Schmetterling kommt unter dem Laub hervor und lässt seine starren Flügel von den Sonnenstrahlen durchwärmen, bis er endlich losfliegt und über die Wiese flattert. Ein Bär erwacht gähnend aus seinem Winterschlaf, blinzelt in die Sonne und tappt noch völlig verschlafen in den Wald. Die Vögel begrüssen die Sonne mit fröhlichem Gezwitscher und singen ihre Lieder in den Bäumen.“

Ist die Musik zu Ende, versucht die Gruppenleiterin, die ruhige Atmosphäre noch etwas zu halten, bevor sie die Kinder auffordert, mit den Gedanken wieder zurück in den Raum zu kommen, sich zu räkeln und zu strecken und die Augen wieder zu öffnen. Sie sollte beim Erzählen der Geschichte immer genügend Pausen einstreuen. Die Kinder haben so die Möglichkeit, die Bilder im Kopf weiterzudenken und eigene Vorstellungen entstehen zu lassen. Wenn sich alle wieder aufgesetzt haben, kann die Geschichte gemeinsam nacherzählt werden.

PACK DIE BADEHOSE EIN

Ideenpaket 4: „Pack die Badehose ein“

4

Einstimmung

1.	Was kann man alles im Schwimmbad machen? (Pantomimisches Ratespiel)
2.	Verschiedene Schwimmstile auf Stühlen darstellen
3.	Ein Schwimmbad mit vorhandenen Gegenständen bauen
4.	Wie lange kann jeder „unter Wasser“ die Luft anhalten?
5.	Gespräch über schöne und unangenehme Erlebnisse im Sommer

Offene Bewegungsformen mit Musik

1.	Musikverlauf nur mit Händen interpretieren
2.	Spontanes Umsetzen der Musik in Bewegung (Gruppenleiterin schildert die Geschichte in knappen Worten)

Festgelegte Bewegungsformen mit Musik

1.	A1 Grosse Sommerhitze darstellen	B Ins Schwimmbad fahren	C In 2 Gruppen ins Wasser springen und im Wasser toben	A2 In der Sonne liegen, und die lästige Mücke erwischen

Weiterführende Ideen

1.	Mit Schwimmreifen oder Schwimmtieren Spiele entwickeln
2.	Drollige Bewegungsarten und Kunststücke mit Schwimmflossen erfinden

DER SPRUNG INS „KÜHLE NASS"

Erläuterungen zum Ideenpaket

Einstimmung

1. Was kann man alles im Schwimmbad machen? (Pantomimisches Ratespiel)

Ein Besuch im Freibad gehört zu den intensivsten Sommererlebnissen überhaupt. Mit andern Kindern nach Herzenslust im Wasser herumtollen, herumspritzen und Schabernack treiben, das macht riesigen Spass. Gerüche von Sonnencreme, Pommes Frites und Eis runden das Gefühl „Lebenslust pur" ab. Die Erlebnisse im Schwimmbad sind so vielschichtig, dass es den Kindern nicht schwerfällt, typische Tätigkeiten wie tauchen, Eis schlecken, jemanden mit Sonnencreme einschmieren, sich sonnen usw., pantomimisch darzustellen. Im Stuhlkreis erzählt ein Kind nach dem andern nur mit Gesten eine Begebenheit im Schwimmbad, und die andern müssen raten, um was es sich handelt.

ACHTUNG – FERTIG – LOS...

...UND IM „WASSER" GELANDET

2. **Verschiedene Schwimmstile auf Stühlen darstellen**

Brustschwimmen, Kraulen, Rückenschwimmen und Butterfly unterscheiden sich sehr deutlich in ihrem Bewegungsablauf. Doch ohne das Medium Wasser ist es gar nicht so einfach, diese komplexen Schwimmarten darzustellen. Mit dem Bauch auf einer Stuhlfläche oder noch besser auf einer Hockerfläche haben die Kinder genügend Freiraum für die Arm- und Beinbewegungen. Stehen Rollbretter (Spezialgeräte für die psychomotorische Praxis) zur Verfügung, kann dazu sogar noch die Vorwärtsbewegung simuliert werden, indem das Rollbrett mit dem „Schwimmer" vorsichtig an einem längeren Seil gezogen wird.

3. **Ein Schwimmbad mit vorhandenen Gegenständen bauen**

Um der Fantasie der Kinder einen gemeinsamen Spielraum zur Verfügung zu stellen, ist es wichtig zu verabreden, wo nun genau dieses Schwimmbad ist. Der Beckenrand kann mit Hockern, Stühlen, Seilen, oder aufgeklebten Kreppstreifen markiert werden. In einem auf dem Boden liegenden Reifen wird „geduscht". Matten oder mitgebrachte Handtücher zeigen, wo sich die „Liegewiese" befindet. Jedes Kind kann Ideen miteinbringen, dabei kommt es nicht darauf an, dass ein perfektes Schwimmbad entsteht. Der Spielraum „Schwimmbad“ entsteht im Moment durch die Fantasie der Kinder, angeregt durch beliebige Gegenstände, die sich im Raum befinden. Das „Schwimmbad“ kann nun mit den Aufgaben 1, 2 und 4 zum Leben erweckt werden.

4. **Wie lange kann jeder „unter Wasser“ die Luft anhalten?**

Im Wettbewerb mit andern entwickeln Kinder einen ungeheuren Ehrgeiz und halten die Luft so lange an, bis sich ihre Gesichter dunkelrot färben. Man kann aus diesem Spiel durch einen kleinen Hinweis eine Atemübung entwickeln: Wenn man tatsächlich unter Wasser ist und die Luft anhält, werden die vollgepumpten Lungen allmählich zur Last und man möchte die Luft wieder loswerden. Wenn nun das Ausatmen so reguliert wird, dass man nur einen feinen, langanhaltenden Luftstrom entläßt, ist es tatsächlich möglich, wesentlich länger unter Wasser zu bleiben. Mit seitlich eingestützten Händen erleben die Kinder bewusst, wie beim ruhigen Einatmen bis in die Bauchregion die Rippen sowie die Flanken- und Bauchmuskulatur Platz für die eingeatmete Luft machen. Beim Ausatmen senken sich die Rippen wieder. Die Flanken- und Bauchmuskeln helfen dabei, noch den letzten Rest Luft aus den Lungen zu pressen.

5. **Gespräch über schöne und unangenehme Erlebnisse im Sommer**

Der Sommer bringt natürlich nicht nur Freuden mit sich. Gemeinsam werden typische Erlebnisse gesammelt - auch die weniger schönen wie Mückenstiche, lästige Wespen, unerträgliche Hitze, schwere Sommergewitter, vertrocknete Pflanzen usw.

„Pack die Badehose ein“

Melodie

A1 (A2 = A1 leicht variiert)

B

C

Form

A1	B	C		A2
ametrisch, ca. 40 Sekunden	1 Takt Vorpiel 16 Takte	8 Takte Anlauf mit Sprung	16 Takte (Variation von B)	ametrisch, ca. 42 Sekunden

Offene Bewegungsformen mit Musik

1. **Musikverlauf nur mit Händen interpretieren**

Alle sitzen im Stuhlkreis oder im Kreis am Boden. Die Gruppenleiterin erzählt, dass jetzt nur ihre Hände ins Schwimmbad gehen und dort allerhand erleben werden: „Eure Hände dürfen gerne mitkommen!“ Ohne Worte stellt die Gruppenleiterin mit Händen und Gesichtsmimik dar, was die Musik erzählt. Die Kinder spielen gleichzeitig mit.

A1: Die Große Hitze
Mit erschöpftem Gesichtsausdruck fährt sich die Gruppenleiterin über die „schweissnasse“ Stirn und fächelt sich kühle Luft zu.

B: Mit dem Fahrrad zum Schwimmbad fahren
Die Hände halten ein imaginäres Lenkrad fest, lenken mal nach rechts, mal nach links, machen sich durch „Klingeln“ bemerkbar.

C: Ins Wasser springen und toben
Die Hände patschen auf die Oberschenkel, sie nehmen „Anlauf“ und springen ab (2x). Im Wasser wird heftig nach allen Seiten gespritzt.

A2: In der Sonne liegen und die Mücke verscheuchen
Die Hände liegen am Anfang ruhig auf den Oberschenkeln. Ab und zu bewegen sich einzelne Finger, um die Mücke zu verscheuchen. Zum Schluss der Musik wird ganz laut in die Hände geklatscht - die lästige Mücke wird erwischt.

Nach einem Durchgang wird gemeinsam besprochen, was die Hände alles erlebt haben.

2. **Spontanes Umsetzen der Musik in Bewegung**

Die Kinder haben den Handlungsstrang der Musik schon über das Fingerspiel kennengelernt („Offene Bewegungsformen mit Musik 1“). Jetzt kann jedes Kind frei im Raum mit eigenen Bewegungsideen diese Impulse umsetzen. Die Gruppenleiterin hilft dabei, indem sie mit knappen Worten neue Musikteile erklärt. Hilfreich ist, wenn die Umrisse des Schwimmbads markiert sind („Einstimmung 3“), es ist aber nicht unbedingt nötig. Der Bewegungsimpuls des Hineinspringens und Im-Wasser-Herumtobens ist so klar, dass die Bewegungsfantasie der Kinder keine räumliche Orientierung braucht.

Festgelegte Bewegungsformen mit Musik

1.	A1	B	C	A2
	Grosse Sommerhitze darstellen	Ins Schwimmbad fahren	In 2 Gruppen ins Wasser springen und im Wasser toben	In der Sonne liegen, und die lästige Mücke erwischen

Alle in den vorherigen Aufgaben gefundenen und erfundenen Bewegungsideen werden zusammengetragen. Gemeinsam wird überlegt, wie die einzelnen Musikteile dargestellt werden können, so dass auch eventuelle Zuschauer erkennen, was die Kinder zeigen wollen. Die wichtigste Entscheidung dabei ist, ob die Musik rein pantomimisch umgesetzt werden soll, oder ob auch Requisiten mit eingebaut werden. Requisiten von zu Hause wie Handtücher, Schwimmtiere, Sonnenbrillen, Sonnencreme und Schwimmflossen erleichtern die Darstellungsweise.

Gestaltungsvorschläge zu den einzelnen Teilen

A1: Alltagsgesten wie „mit Taschentuch den Schweiss abtupfen", „mit der Hand kühle Luft zufächeln", „sich erschöpft über die Stirn wischen"', „sich selbst mit vorgeschobener Unterlippe kühle Luft zublasen" usw. wirken besonders witzig, wenn sie von mehreren gleichzeitig ausgeführt werden. Gemeinsam wird eine Reihenfolge der Gesten festgelegt. Einer ist der unauffällige Anführer, der z.B. über ein deutliches Einatmen das Zeichen zum Wechsel zur nächsten Geste gibt. Die Musik dieses Teils hat keine rhythmischen Impulse, man kann sich aber an der Melodieführung des Saxophons und an der Stimme „...es ist heiß" orientieren.

PUUH, HEISS!

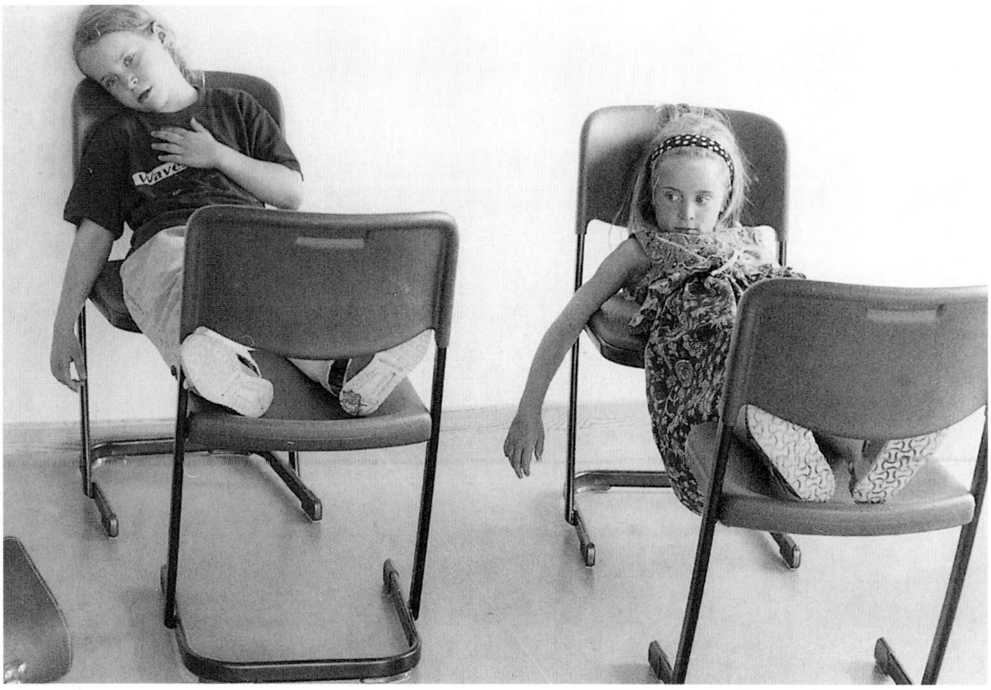

EINE FRECHE MÜCKE SUCHT SICH EIN OPFER ⟶

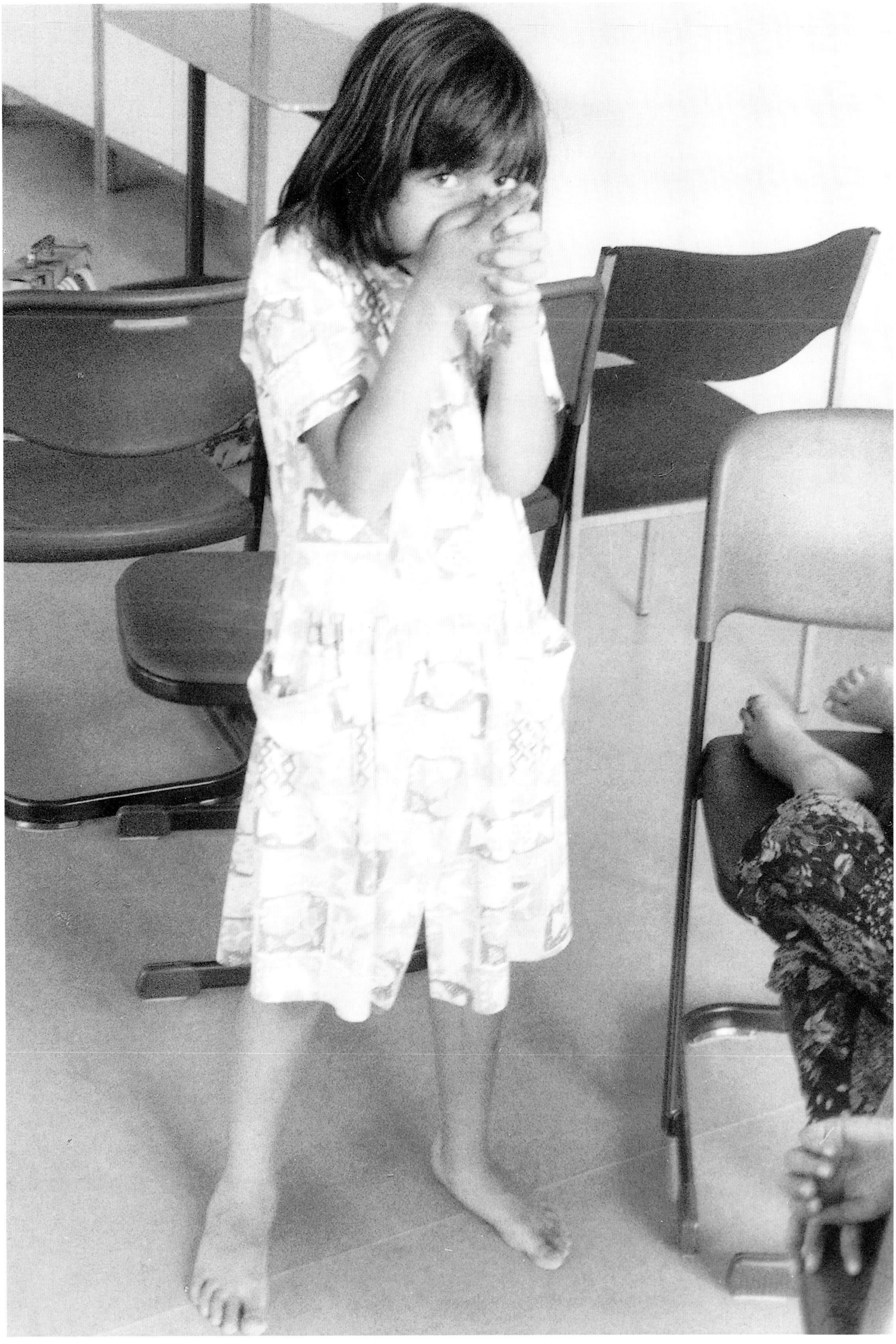

B: Die Lethargie aus dem A1-Teil wird abgeschüttelt, man mobilisiert die letzten Kräfte und macht sich gutgelaunt auf den Weg ins Schwimmbad: zu Fuß (vielleicht schon mit Taucherbrille und Schwimmflossen ausgerüstet), mit dem Fahrrad, auf dem Motorrad mit Beiwagen, im Kabriolett, auf Rollerscates, im Kinderwagen, im Autobus - alles, was dargestellt werden kann, ist möglich.

C: Die Musik stellt zweimal die Möglichkeit zur Verfügung, mit Anlauf ins Wasser zu springen. Es gibt viele Varianten, diesen Vorgang in der Gruppe umzusetzen:
- Zuerst springt einer alleine, dann die ganze Gruppe hinterher.
- Alle bis auf einen springen, dann nimmt dieser all seinen Mut zusammen und springt auch.
- Die Hälfte der Gruppe springt von einer Seite ins „Becken", dann die andern von der Seite gegenüber. Danach wird im Wasser geplanscht, man neckt sich gegenseitig, spritzt sich nass, tobt herum, taucht und schwimmt seine Runden.

In diesem Teil ist es nicht wichtig, synchrone Bewegungen zu vollziehen, jeder soll das machen, wozu er gerade Lust verspürt.

A2: Alle gehen langsam aus dem Wasser heraus, trocknen sich ab, legen sich auf ein Handtuch, lesen ein Buch oder cremen sich mit Sonnencreme ein und sonnen sich. Ein Kind stellt eine freche Mücke dar mit einem vorwitzigen Stachel. Sie fliegt herum und sucht sich ein Opfer zum Stechen. Zuerst wird sie verscheucht, und erst am Schluß - genau zur Musik - verstummt sie nach einem eindeutigen „Patsch".

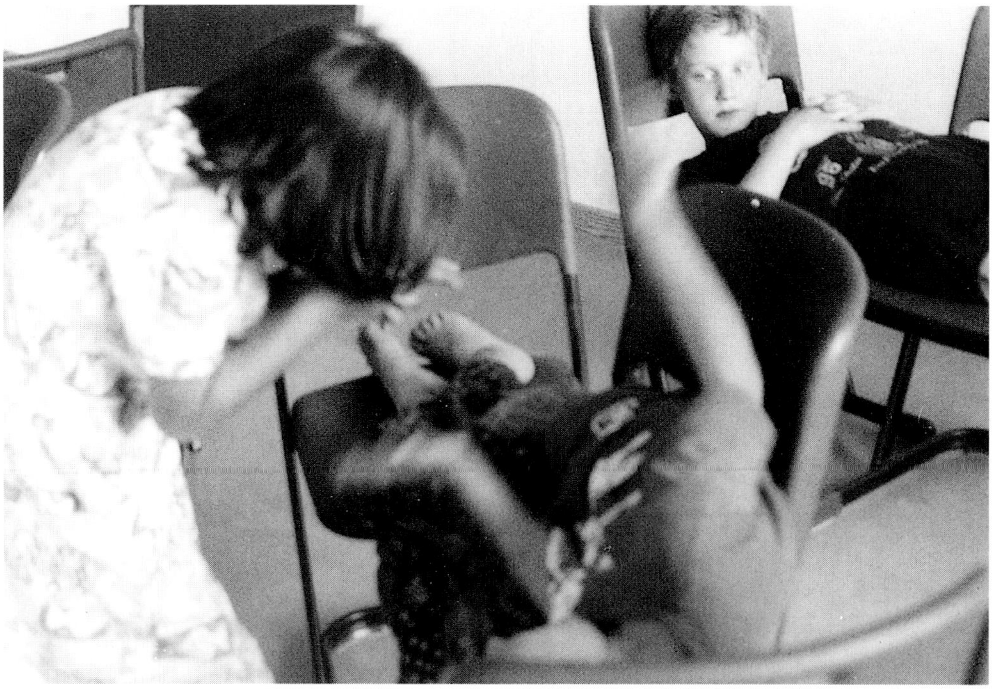

... UND STICHT ZU

SCHWIMMVERGNÜGEN IM NICHTSCHWIMMERBECKEN

Weiterführende Ideen

1. Mit Schwimmreifen oder Schwimmtieren Spiele entwickeln

Schwimmreifen oder Schwimmtiere zum Aufblasen eignen sich bestens als Gymnastikgeräte. Zu animierender Musik (Zirkusmusik) probieren die Kinder alleine oder zu zweit unterschiedliche Arten des Werfens aus. Die Ringe können mit einer Hand, mit einem Fuss, mit dem Kopf, auf dem Rücken usw. aufgefangen werden. Verschiedene Möglichkeiten, den Schwimmring am Körper zu drehen, z.B. um den Unterarm, um die Hand und um den Knöchel, bringen den Kindern viel Spass und fördern ihre Bewegungsgeschicklichkeit.

Die Schwimmringe werden frei im Raum verteilt oder in einer bestimmten Form (Reihe, Kreis) auf den Boden gelegt. Die Kinder probieren verschiedene Varianten aus, die Ringe zu überspringen oder in die Ringe hineinzuspringen: mit einem Bein, mit beiden Beinen, in einem bestimmten Rhythmus, auf allen Vieren, rückwärts usw.

Besonders beliebt ist das Verkleiden mit den Schwimmringen. Die Reifen verwandeln sich in einen schicken Hut, in eine schöne Halskette, in einen Reifenrock usw. Wie das „Pirellimännchen“ kann ein Kind, das viele Reifen übergestreift hat, als Stehaufmännchen sorgfältig hin und her gewiegt werden.

2. **Drollige Bewegungsarten und Kunststücke mit Schwimmflossen erfinden**

Viele Kinder haben Schwimmflossen und können sie in die Stunde mitbringen. Es ist gar nicht so einfach, damit zu gehen, aber es sieht sehr lustig aus. Verschiedene Arten des Gehens werden ausprobiert, z.B. langsam gehen, schnell gehen, mit grossen oder kleinen Schritten, allein oder zu zweit. Witzige Fussbewegungen mit den Flossen wie wippen und ein- und ausdrehen, das Übersteigen von Hindernissen und Wettrennen spornen die Kinder an, nicht alltägliche Bewegungen zu üben.

GLÜHWÜRMCHEN-TANZ

Ideenpaket 5: „Glühwürmchentanz“

5

Einstimmung

1.	Gespräch über Glühwürmchen
2.	Taschenlampenspiele: Muster malen zur Glühwürmchenmusik
3.	Reaktionsspiel mit Taschenlampen und Instrumenten
4.	„Chäferli fange“ („Käferchen fangen“), ein kooperatives Fangenspiel

Offene Bewegungsformen mit Musik

1.	A1 Die Glühwürmchen knipsen ihre Lampe an.	B Alle „fliegen“ mit ihrer Lampe umher.	A2 Die Glühwürmchen knipsen ihre Lampe aus.
2.	Jedes Kind sitzt in einem Versteck und kommt zu einem beliebigen Zeitpunkt heraus.	Zu zweit tanzen	Die Kinder verstecken sich wieder nach und nach.

Festgelegte Bewegungsformen mit Musik

1.	A1 Festlegen, welches Kind wann seine Lampe anknipst.	B Alle treffen sich im Kreis und gestalten gemeinsam vorher verabredete Lichtmuster.	A2 Die Kinder knipsen in umgekehrter Reihenfolge wie in A1 ihre Lampen wieder aus.

Weiterführende Ideen

1.	Gestaltung mit Schwarzlicht
2.	Bilderbücher: „Leuchtkäferchen“ und „das kleine Glühwürmchen“

Erläuterungen zum Ideenpaket

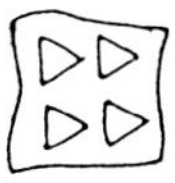

Einstimmung

1. **Gespräch über Glühwürmchen**

Glühwürmchen in einer warmen Sommernacht leuchten zu sehen, ist ein großartiges Erlebnis, nicht nur für Kinder. Diejenigen, die schon einmal ein Glühwürmchen gesehen haben, werden mit Begeisterung davon erzählen. Ein Foto dieser unscheinbaren Käferchen anzuschauen, wirkt zwar ernüchternd, stösst aber trotzdem auf grosses Interesse der Kinder. Gemeinsam wird besprochen, wie das Leuchten der Glühwürmchen dargestellt werden kann.

2. **Taschenlampenspiele: Muster malen zur Glühwürmchenmusik**

In der letzten Stunde haben die Kinder den Auftrag bekommen, das nächste Mal eine Taschenlampe mitzubringen. Das allein macht sie schon neugierig. Sie sind zusätzlich überrascht und gespannt, wenn sie zu Beginn der Stunde ihren gewohnten

Raum einmal ganz anders erleben: So gut es geht, wird der Raum abgedunkelt. Hat man sehr ängstliche Kinder in der Gruppe, ist es sinnvoll, sie in der vorhergehenden Stunde ein wenig vorzubereiten.

Mit brennenden Taschenlampen betreten die Kinder den Raum und suchen sich einen Platz am Boden. Zur Glühwürmchenmusik werden nach Ansage der Gruppenleiterin verschiedene Formen und Muster an Decke und Wände gemalt. Spannend ist auch eine Lichtpunktverfolgungsjagd: Ein Lichtschein spielt den Gejagten, die andern verfolgen ihn. Dieses Spiel ist auch paarweise möglich.

3. **Reaktionsspiel mit Taschenlampen und Instrumenten**

Die Kinder gehen zu zweit zusammen. Eines hat eine Taschenlampe, sein Partner ein Instrument, das jeweils nur einmal in der Gruppe vorkommen darf. Wenn das Instrument erklingt, darf das Taschenlampenkind mit seiner Lampe Muster dazu malen. Je mehr Instrumentenkinder gleichzeitig spielen, desto schwieriger ist es für die Taschenlampenkinder, „ihr" Instrument herauszuhören. Deshalb ist es wichtig, dass zu Beginn des Spiels immer nur ein Instrument erklingt.

4. **„Chäferli fange" („Käferchen fangen"), ein kooperatives Fangenspiel**

Ein Fänger versucht, die umherlaufenden Käfer zu fangen. Hat er einen erwischt, legt sich dieser mit dem Rücken auf den Boden und zappelt mit Armen und Beinen in der Luft. Ein anderer Käfer kann ihn wieder erlösen, indem er ihn anstupst. Durch diesen Impuls rollt der Zappelkäfer zuerst zur Seite, dann auf die Füsse und kann wieder davonlaufen. Das Spiel ist zu Ende, wenn alle Käfer auf dem Rücken liegen. Die Spielleiterin kann den Schluss auch durch ein vorher verabredetes Zeichen bestimmen, wenn absehbar ist, dass das Fängerkind es nicht schafft, alle Käfer zu fangen. Bei grossen Gruppen können auch 2 Fänger eingesetzt werden.

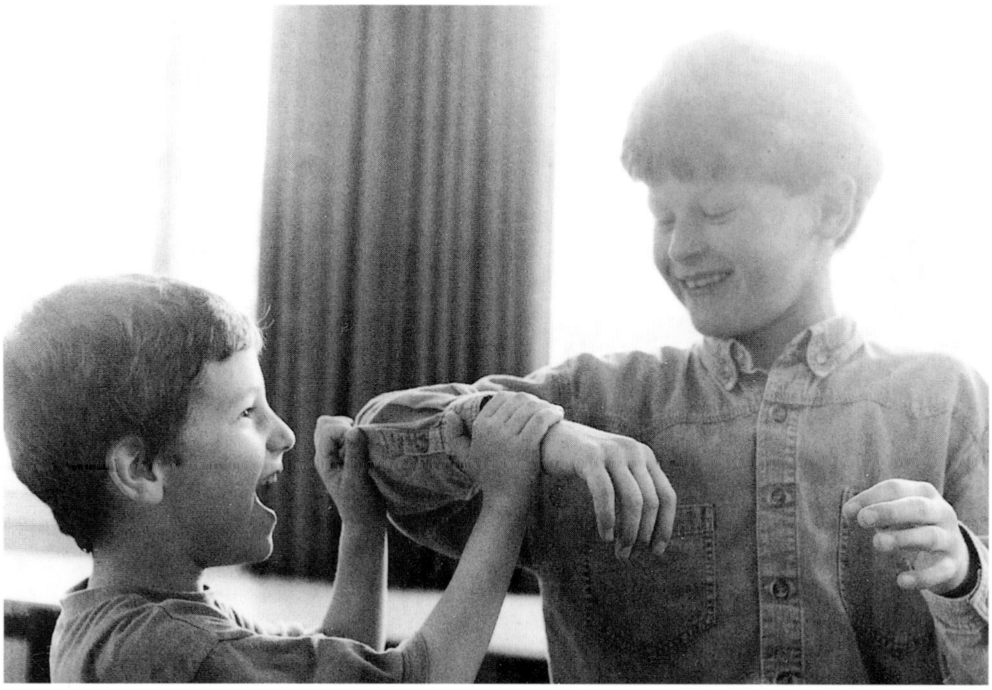

CHÄFERLI FANGE

„Glühwürmchentanz“

Melodie

A1

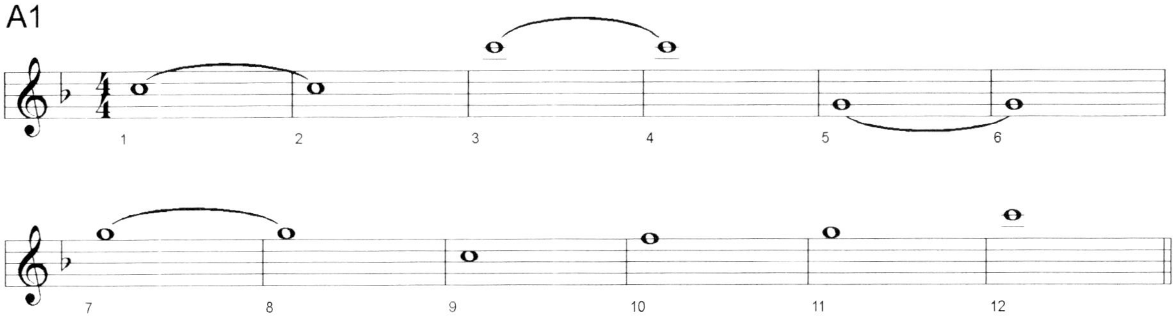

B

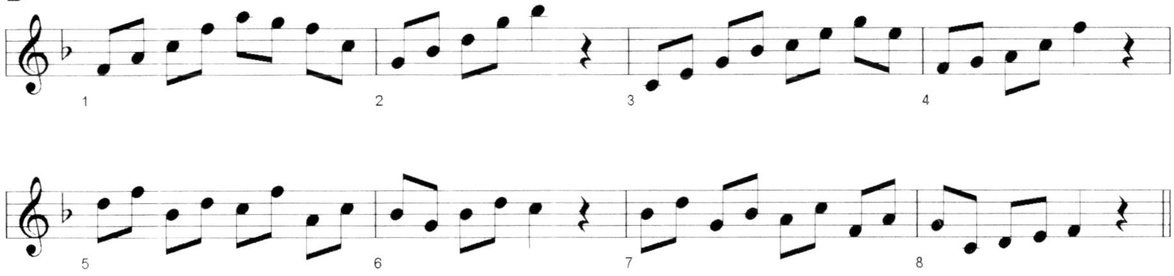

A2

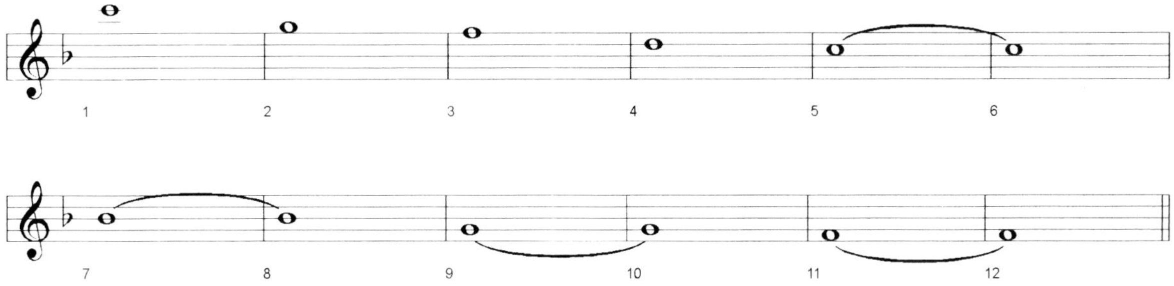

Form

Vorspiel: 2 Takte

A1	B	B	B	B	A2
12 Takte	8 Takte	8 Takte	8 Takte	8 Takte	12 Takte

Offene Bewegungsformen mit Musik

1. **Glühwürmchenspiel**

Bevor man dieses Spiel gemeinsam erlebt, ist es wichtig, die Glühwürmchenmusik einmal konzentriert anzuhören. Die Kinder bekommen vorher den Tip, dass die Musik eine Glühwürmchengeschichte erzählt. Nach dem Hören können die Kinder berichten, was ihnen besonders aufgefallen ist.

Jedes Kind hat eine Taschenlampe und liegt an einem selbstgewählten Platz auf dem Boden.

A1	B	A2
Jedes Kind kriecht mit einer Taschenlampe als Glühwürmchen am Boden und knipst sie zu einem selbstgewählten Zeitpunkt an.	Alle „fliegen" mit ihrer Lampe umher. Treffen sie ein anderes Glühwürmchen, begrüssen sie sich mit Lichtzeichen.	Alle Kinder kriechen am Boden und knipsen nach und nach die Taschenlampen wieder aus.

Während des B-Teils können auch die in „Einstimmung 2" erfahrenen Muster an die Decke und Wände gemalt werden.

LEUCHTENDE TASCHENLAMPENMUSTER

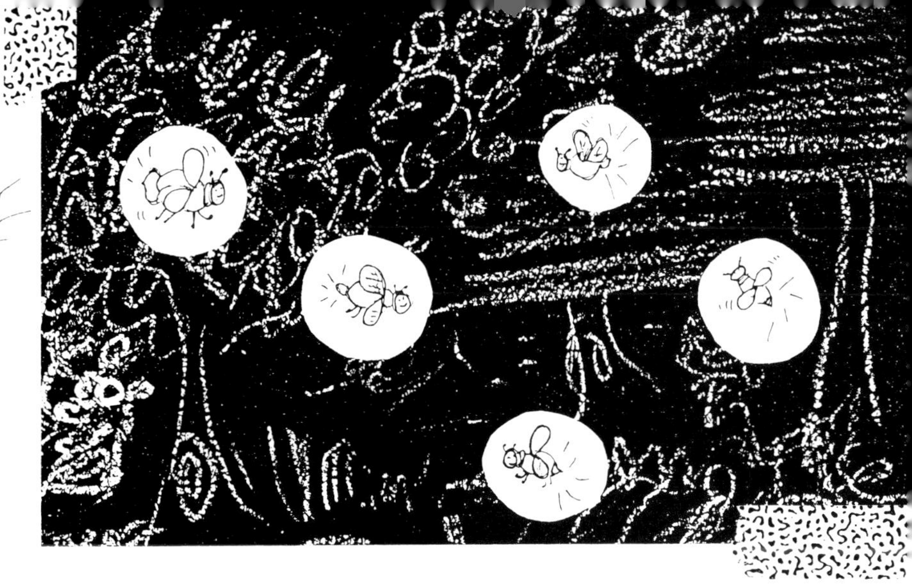

2. **Glühwürmchenspiel ohne Taschenlampen**

Ist es nicht möglich, den Raum zu verdunkeln, kann das Glühwürmchenspiel auch ohne Taschenlampen durchgeführt werden.

A1	B	A2
Jedes Kind sitzt in einem Versteck und kriecht zu einem selbstgewählten Zeitpunkt hervor.	Alle „fliegen" umher und suchen sich einen Partner. Sie nehmen sich an einer Hand und „fliegen" zusammen weiter oder probieren verschiedene Möglichkeiten aus, sich umeinander zu drehen.	Alle Kinder kriechen am Boden und verstecken sich wieder in ihrem alten Versteck wie in A1.

Festgelegte Bewegungsformen mit Musik

1. **Glühwürmchentanz mit Taschenlampen**

In diesem Tanz kommt es darauf an, Impulse aus der Musik auf das An- und Ausknipsen der Taschenlampen zu übertragen. Das ist sehr reizvoll, aber nicht ganz einfach. Voraussetzung dafür ist ein Gespür für die Länge der Pausen (s. „Melodie") zwischen den Impulsen. Wird dies jedoch ein wenig vorbereitet und geübt, wird es auch von 6-jährigen Kindern gemeistert. Vorbereitende Übungen sind „Einstimmung 2 und 3" und „Offene Bewegungsformen mit Musik 1".

Bevor es losgeht, wird verabredet, wann welche Kinder ihre Lampen an- und ausknipsen. Der Raum muss verdunkelt sein. Die Kinder sitzen mit ihren ausgeknipsten Taschenlampen verteilt am Boden.

A1	B	A2
Die Glockenspiel-impulse in der Musik geben das Signal, die Lampen anzuknip-sen. Dies geschieht in der Musik 8-mal. Für jeden Impuls zeichnen bestimmte Kinder verantwortlich.	Alle treffen sich im Kreis und ge-stalten gemeinsam vorher verab-redete Lichtmuster. **1. Strophe,Takt 1- 4:** Die Kinder haben 4 Takte Zeit, einen Kreis zu bilden. **Takt 5- 6:** 7 Seitgaloppschritte und 1 Schlusssprung auf der Kreisbahn nach rechts, dabei bleibt die Kör-perfront zur Kreismitte gewandt **Takt 7- 8:** wie Takt 5-6, nur links-herum **2. Strophe,Takt 1- 4:** Die Kinder malen mit ihren Taschenlampen zum Rhythmus der Musik Kreise an die Decke. **Takt 5- 8:** wie Takt 5-8 in Strophe 1 **3. Strophe, Takt 1- 4:** Die Kinder malen mit ihren Taschenlampen grosszügige Figuren in Form einer liegenden Acht. **Takt 5- 8:** wie Takt 5-8 in Strophe 1 **4. Strophe, Takt 1- 4:** Die Kinder malen grosse stehenden Achten von der Decke bis zum Boden. **Takt 5- 8:** Die Kinder bewegen sich zu ihrem Ausgangspunkt von A1 zurück.	Die Kinder knipsen in umgekehrter Reihen-folge wie in A1 ihre Lampen wieder aus.

Weiterführende Ideen

1. Gestaltung mit Schwarzlicht

Ein faszinierendes Medium vor allem für ältere Grundschulkinder ist Schwarzlichttheater (s. Kapitel 8 „Wir verreisen", „Weiterführende Ideen 1"). Durch eine Speziallampe, die zwischen Publikum und Bühne vor dem Bühnenboden angebracht ist, leuchten weisse und neonfarbene Stoffe, Papiere und bestimmte Materialien. Schwarze Gegenstände und auch schwarz gekleidete Spieler werden kaum wahrgenommen. Schwarzlichttheater ist dann am wirkungsvollsten, wenn es fantastische Begebenheiten zeigt, wenn Gegenstände plötzlich fliegen können, wenn Utensilien auftauchen und wieder verschwinden.

Für das Thema Glühwürmchen ist dieses Medium besonders gut geeignet, da es sich um ein leuchtendes und fliegendes Phänomen handelt. Man muss sich nur bewusst sein, dass Schwarzlichttheater ein aufwendiges, aber lohnendes Projekt ist. Die Glühwürmchengeschichte wird thematisch erweitert zu dem Bild „Eine Sommerwiese in der Nacht". Allerlei märchenhafte Gestalten wie Feen, Elfen, Nachtfalter und Leuchtblumen bevölkern diese Wiese. Die Kinder skizzieren diese Wesen nach ihren eigenen Vorstellungen auf Papier. Sie werden vergrössert auf weisse Pappe übertragen, mit Neonfarben ausgestaltet und sind so gleich spielbereit. Die Glühwürmchen selbst können auch aus weissem Papier ausgeschnitten werden. Mit einem Papiergriff auf der Rückseite werden sie von den Kindern so bewegt, dass der Zuschauer die Illusion eines fliegenden Insektes hat. Die Glühwürmchenmusik gibt den Rahmen für folgende Szene: Wie bei den „Festgelegten Bewegungsformen 1" erscheinen die Glühwürmchen und fliegen umher. Im B-Teil beleuchten sie die Traumwelt der Feen und Elfen, die wieder verschwindet, wenn die Glühwürmchen ihre Lampen löschen.

2. Bilderbücher zum Thema Glühwürmchen

Das bezaubernde Bilderbuch „Leuchtkäferchen" von Jiri Trnka, erzählt von Max Bolliger (Nord-Süd-Verlag, Zürich, 1988), ist besonders für Kindergartenkinder zum Anschauen und Vorlesen geeignet. Es kann die Kinder dazu animieren, selbst Glühwürmchengeschichten zu erfinden.

Wer die „Raupe Nimmersatt" von Eric Carle liebt, freut sich sicher auch über sein Buch „Das kleine Glühwürmchen" (Gerstenberg-Verlag, 1995). Die grosse Überraschung wird bis zur letzten Seite geheimgehalten: Ein raffinierter Mechanismus mit einer kleinen Batterie lässt das Glühwürmchen richtig leuchten!

AFRIKA

Ideenpaket 6: „Afrika"

Einstimmung

1.	Instrumente zeigen, die aus Afrika kommen
2.	Musikhören
3.	Rhythmischen Spruch auf verschiedenen Instrumenten spielen
4.	Echospiel: Rhythmen vor- und nachspielen
5.	Spiel mit Kokosnusshälften

Offene Bewegungsformen mit Musik

	A	B
1.	Verschiedene Alltagssituationen eines afrikanischen Kindes darstellen	Verharren, dem Trommelrhythmus zuhören und nachklatschen
2.	Die Kinder tanzen mit Schlägeln in den Händen um Kokosnusshälften, die im Raum auf dem Boden verteilt sind.	Die Kinder setzen sich zu einer Kokosnusshälfte und spielen die Rhythmen auf den Kokosnüssen nach.

Festgelegte Bewegungsformen mit Musik

	A	B
1.	Festgelegte Bewegungsfolge im grossen Kreis. In der Mitte steht eine Trommel.	Ein Kind spielt die vorgestellten Rhythmen auf der Trommel nach. Der Kreis unterstützt es mit dem geklatschten Rhythmus.

Weiterführende Ideen

1.	Lied aus Ghana: „Na de dscho"
2.	Elefanten-Fangen

Erläuterungen zum Ideenpaket

Einstimmung

1. **Instrumente zeigen, die aus Afrika kommen**

Viele Instrumente, die wir in der Musikerziehung selbstverständlich benutzen, haben ihren Ursprung in Afrika. Xylophone, Trommeln und verschiedene Rasseln gehören dazu. Seltener finden wir eine Kabassa, Schlitztrommel, Djembe oder Kalimba in den Einrichtungen. Jedes Instrument hat einen spezifischen Klang, der fremd ist, neugierig macht und die Fantasie in ferne Länder entführt. Echte afrikanische Instrumente, die die Kinder auch einmal spielen dürfen, vermitteln einen nachhaltigen Eindruck und lassen eine ganz eigene Atmosphäre entstehen. Wenn dies nicht möglich ist, kann das Interesse der Kinder auch über Fotos und Zeichnungen geweckt werden. Gemeinsam wird überlegt, wie die meist kunstvoll verzierten Instrumente klingen könnten.

2. **Musik hören**

Haben die Kinder - wie in Aufgabe 1 beschrieben - ein paar Instrumente kennengelernt, spielt ihnen die Gruppenleiterin die Musik „Afrika“ vor. Die Kinder sollen beim Hören darauf achten, ob sie bestimmte Instrumente wiedererkennen. Xylophone und verschiedene Trommeln erklingen im Verlauf des Stücks. Wenn die Aufgabe 1 nicht durchgeführt worden ist, können nach dem gemeinsamen Hören der Musik Assoziationen der Kinder zum Thema Afrika gesammelt werden.

3. **Rhythmischen Spruch auf verschiedenen Instrumenten spielen**

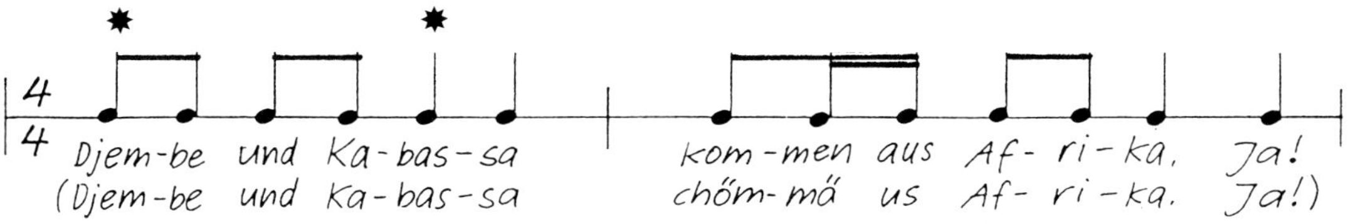

Dieser einfache Spruch transportiert jede Menge Rhythmus. Es kann dazu geklatscht, gestampft und auf verschiedenen Instrumenten gespielt werden. Gleichzeitig wird dazu gesprochen. Als „Solo-Tutti“- Spiel hat der Spruch einen besonderen Reiz: Gemeinsam sprechen und spielen alle den Rhythmus, danach hat ein Kind etwas Zeit, selbsterfundene Rhythmen alleine zu spielen. Den erneuten Einsatz für das Tutti-Spiel gibt die Gruppenleiterin, wenn das Solo beendet wurde.
Bei fortgeschrittenen Kindern empfiehlt es sich, während des Solos ein leise pulsierendes Metrum spielen zu lassen. Als zweistimmiger Kanon (Einsatz bei ✸) ist der Spruch eine kleine Herausforderung, bei der mit etwas Geduld dieser kleine Rhythmus noch von einer anderen Seite entdeckt werden kann.

4. **Echospiel: Rhythmen vor- und nachspielen**

Vor- und nachmachen ist ein beliebtes Gestaltungselement in der Musik. Nonsenswörter, Länder-, Instrumente- und Früchtenamen können von einem Vorsänger in einem einfachen Singsang vorgetragen werden, der von der Gruppe im Anschluss wiederholt wird, z.B.:

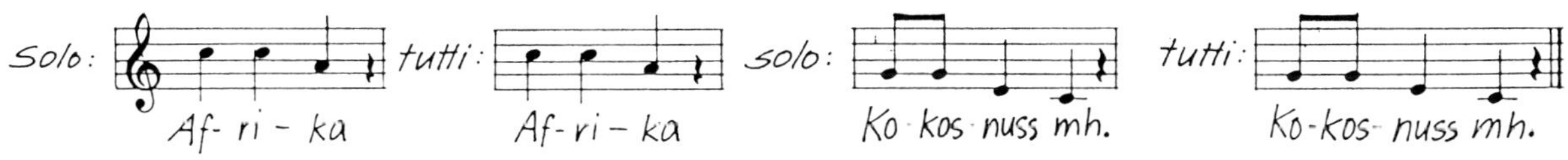

Das gleiche gilt für einfache Rhythmen. Jeder Mitspieler hat ein beliebiges Schlaginstrument. Die Gruppenleiterin spielt einen Rhythmus vor, alle spielen denselben Rhythmus nach, z.B.:

5. **Spiel mit Kokosnusshälften**

Es ist eine Menge Arbeit die Kokosnüsse so zu präparieren, dass man sie nachher als Instrument und Spielzeug benutzen kann, aber der Aufwand lohnt sich. Die Kinder haben viele lustige Ideen, was man mit den Kokosnusshälften alles machen kann. Am besten werden die Kokosnüsse von der Gruppenleiterin vorher vorbereitet oder von grösseren Kindern im Werkunterricht selbst bearbeitet. Folgende Vorgehensweise hat sich in der Praxis gut bewährt:

Mit einer elektrischen Säge die Kokosnuss ungefähr in zwei gleich grosse Teile teilen (Schüssel unterlegen, weil die Kokosnussmilch heraustropft!). Danach mit einem nicht zu grossen Messer oder Meissel das Fleisch aus der Schale lösen. Mit einer Schleifmaschine werden an der Aussenschale die Härchen entfernt, und anschliessend wird die Innenschale gründlich mit Wasser gesäubert.

Jedes Kind erhält eine Kokosnusshälfte. Gemeinsam wird besprochen, wo die Kokosnuss herkommt, dann beginnt die Kokosnussentdeckungsreise: Auf verschiedene Körperteile legen, soviele Hälften wie möglich aufeinandertürmen, verschiedene Geräusche erzeugen, balancieren und vieles mehr finden die Kinder selbständig heraus. Jedes Kind kann anschliessend vorzeigen, was es mit seiner Kokosnusshälfte gemacht hat. Mit zwei Schlägeln ausgerüstet, entdecken die Kinder die Kokosnuss schnell als überzeugendes Schlaginstrument, das einen ähnlichen Klang wie ein Tempelblock hat. Das Echospiel (s. „Einstimmung 4“) eignet sich sehr gut, um dieses Instrument kennenzulernen.

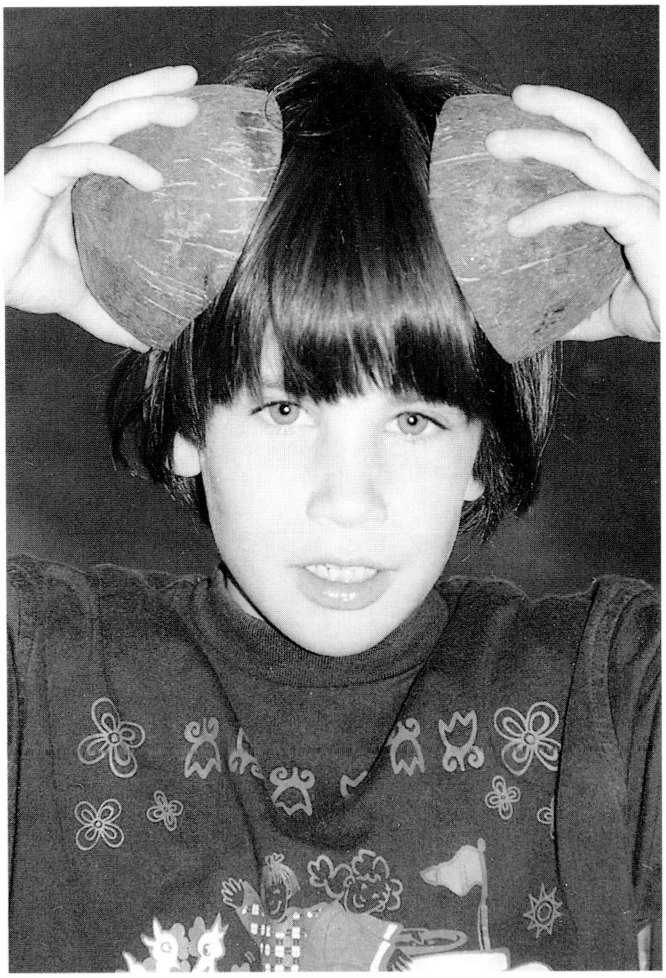

„Afrika“ 6

Melodie

A

Form: Rondo (Refrain A und Couplet B,C,D,E,F)

Refrain = Melodie
Couplet = Trommelteil
Es wird jeweils ein Takt vorgespielt und dann wiederholt. Die rhythmischen Figuren darin scheinen beim ersten Hören recht kompliziert, aber selbst 5-jährige Kinder können diese schwierigen Figuren durch konzentriertes Hören ganz gut imitieren.

Vorspiel: 4 Takte

A	B	A	C	A	D	A	E	A	F	A
8 Takte Melodie	4 x 2 Takte Trommel	8 Takte Melodie	4 x 2 Takte Trommel	8 Takte Melodie	4 x 2 Takte Trommel	8 Takte Melodie	4 x 2 Takte Trommel	8 Takte Melodie	4 x 2 Takte Trommel	8 Takte Melodie

Offene Bewegungsformen mit Musik

1. **Alltagssituationen darstellen / Rhythmus nachklatschen**

Der Alltag eines afrikanischen Kindes unterscheidet sich in manchem sehr, in manchem überhaupt nicht vom Alltag eines europäischen Kindes. Die Gruppenleiterin trägt mit den Kindern verschiedene Alltagssituationen zusammen, die ein afrikanisches Kind erlebt: aufwachen, frühstücken, in die Schule gehen, lesen und schreiben, wieder nach Hause gehen, der Mutter helfen Hirse zu stampfen, Hirsefladen formen, eine Mahlzeit einnehmen, Ziegen zusammentreiben, gemeinsam tanzen und schlafen gehen.

A-Teil	B-Teil
Aus den oben genannten Situationen werden 6 verschiedene ausgewählt und auf Zuruf der Gruppenleiterin dargestellt.	Die Kinder verharren, hören dem Trommelrhythmus zu (2 Takte) und klatschen ihn gemeinsam mit der imitierenden Trommel nach (2 Takte). Dieses Echospiel wird insgesamt viermal durchgeführt.

2. **Tanz um Kokosnüsse / Rhythmen auf den Nüssen spielen**

Technisch ist es gar nicht so einfach, Instrumente mit Schlägel zu spielen. Die Kokosnusshälften sind ideal, um damit anzufangen (s. „Einstimmung 5“). Die Kokosnusshälften liegen verteilt im Raum, jedes Kind hat zwei Schlägel in den Händen.

A-Teil	B-Teil
Ausgestattet mit zwei Schlägeln, tanzen die Kinder mit selbst gewählten Schritten kreuz und quer um die Kokosnüsse herum. Gegen Ende der Phase suchen sie sich eine Kokosnuss aus und knien sich nieder. Für jeden neuen Durchgang der Musik sollten andere Bewegungsmöglichkeiten gefunden werden, z.B. tiefbetontes Schleichen, Hüpfen usw.	In der Musik werden Rhythmen vorgestellt, die die Kinder im Echo auf den Nüssen nachtrommeln.

Sind keine Kokosnüsse vorhanden, können die Rhythmen auch auf den Boden getrommelt werden.

Die Gruppenleiterin kann das Spiel in eine Geschichte von der gefährlichen Urwalddurchquerung einbetten. Giftschlangen und gefährliche Raubtiere fordern ein vorsichtiges Verhalten, während die Ankunft im Dorf durch unbeschwertes Hüpfen zum Ausdruck gebracht wird.

VORSICHT! GEFÄHRLICHE RAUBTIERE

Festgelegte Bewegungsformen mit Musik

1. **Tanzfolge im Kreis**

Alle stehen auf der Kreisbahn, die Arme hängen locker an der Seite, die Gesichter sind zur Kreismitte gewandt. In der Mitte sitzt ein Kind mit einer grossen Trommel.

A-Teil	B-Teil
Takt 1: 3 federnde Schritte und ein Anstellschritt in die Kreismitte, mit dem rechten Fuss beginnend **Takt 2:** wie Takt 1 nur rückwärts **Takt 3:** mit 3 Schritten und einem Anstellschritt eine ganze Drehung rechtsherum tanzen, gleichzeitig mit dem Anstellschritt einmal in die Hände klatschen **Takt 4:** wie Takt 3 nur linksherum **Takt 5:** Einen Seitschritt nach rechts, dann den linken Fuss anstellen. Einen Seitschritt nach links und dann den rechten Fuss anstellen. Parallel zum Anstellschritt die Arme vorschwingen **Takt 6:** wie Takt 5 **Takt 7 und 8:** wie Takt 3 und 4	**Takt 1:** Die Tänzer gehen mit 4 Schritten und gebeugtem Oberkörper entgegen dem Uhrzeigersinn auf der Kreisbahn. Der Trommler in der Mitte lauscht dem ersten Rhythmus. **Takt 2:** Die Tänzer gehen weiter mit 4 Schritten auf der Kreisbahn, nun aber mit aufgerichtetem Oberkörper. Dabei klatschen sie den vorher gehörten Rhythmus nach. Der Trommler spielt ebenfalls diesen Rhythmus auf seiner Trommel. Diese beiden Takte werden dreimal wiederholt.

Nach jedem Durchgang der beiden Teile kann sich das Trommelkind während des ersten Taktes des neuen A-Teils - wenn alle Tänzer in die Mitte kommen - ein neues Trommelkind auswählen, indem es einfach die Schlägel übergibt. Danach nimmt es den Platz seines Nachfolgers im Kreis ein. Das Trommelkind kann während des A-Teils das Metrum der Musik durch Aneinanderschlagen der Schlägel mitspielen.

Weiterführende Ideen

1. **Lied aus Ghana: „Na de dscho“**

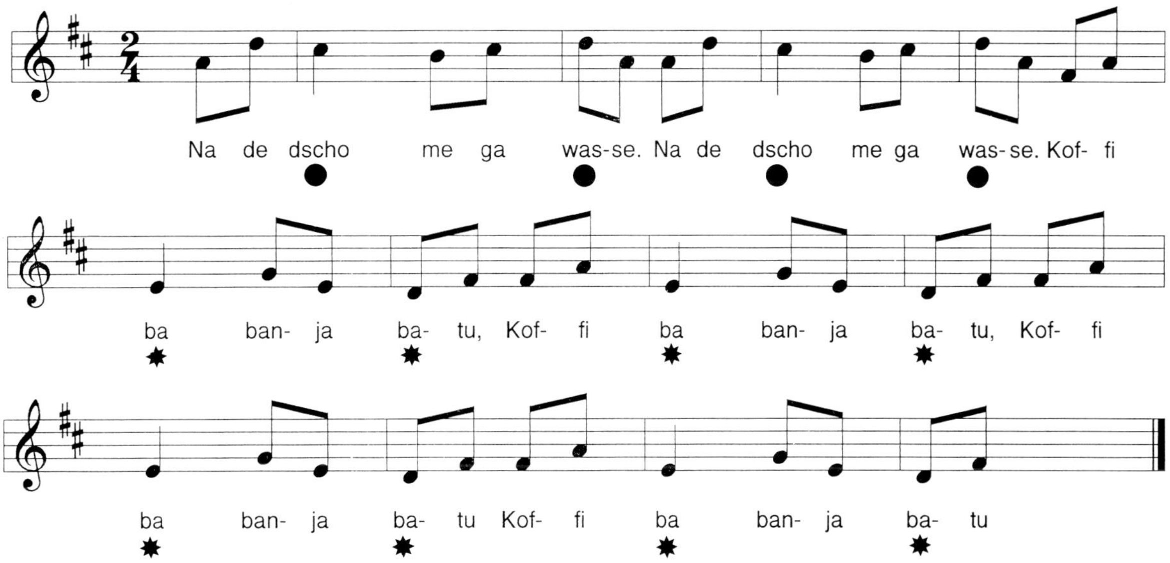

Text u. Musik: trad.

Das Lied erzählt von dem Jungen Koffi, der Wasser holen geht. Zu dem Lied wird mit Yoghurtbechern das Wasserholen spielerisch dargestellt: Alle hocken in einem engen Kreis auf dem Boden. Jedes Kind hat einen Yoghurtbecher in der rechten Hand. Er wird mit der Öffnung nach unten auf den Boden geklopft. Zum ersten Teil des Liedes wird er vor den eigenen Knien gleichmässig aufgeklopft (bei ● im Liedtext).
Die Becher werden zum 2. Teil des Liedes im gleichen Tempo zum rechten Nachbarn weitergegeben (bei ✸ im Liedtext). Diese Zeile wird so oft wiederholt, bis das Weitergeben durch einen Becherstau verhindert wird. Die Kinder werden ganz von allein immer schneller. Das Weitergeben wird dadurch spannender, aber auch schwieriger.

2. **Elefanten-Fangen**

Ein Kind ist der Elefantenjäger, die andern sind Elefanten. Wenn der Elefantenfänger einen Elefanten erwischt, kommt sein Gehilfe (= Gruppenleiterin) und bringt einen Elefantenkäfig (= Gymnastikreifen) mit. Der Elefant muss sich in den Käfig stellen. Nun hilft auch er dem Elefantenfänger, da er mit seinem „Rüssel", dem ausgestreckten Arm, andere Elefanten fangen kann. Er darf dabei jedoch nicht aus seinem Käfig heraus. Das Spiel ist fertig, wenn alle Elefanten gefangen sind.

Das Spiel ist sehr turbulent, und je nach Geschicklichkeit des Elefantenfängers hat die Gruppenleiterin viel zu tun. Es kann sinnvoll sein, noch einen zweiten Gehilfen zu bestimmen.

FÄCHERTANZ

Ideenpaket 7: „Fächertanz“

Einstimmung

1.	Fächer selbst herstellen
2.	Spiegelbild-Übungen mit Fächern
3.	Improvisieren über eine pentatonische Skala
4.	Lied: „Aus dem fernen China“

Offene Bewegungsformen mit Musik

1.	A Kleine Tippelschritte kombiniert mit Fächerbewegungen	B Kreuz und quer durch den Raum hüpfen
2.	Spiegelbild-Spiel mit Fächer	Kreuz und quer durch den Raum hüpfen und zum Schluss wieder mit seinem Partner zusammenkommen
3.	Japanische Papierbälle balancieren	Die Bälle hüpfen lassen

Festgelegte Bewegungsformen mit Musik

1.	A Mit der ganzen Gruppe festgelegte synchrone Fächerbewegungen durchführen	B Tippelschritte mit Fächerbewegungen auf einem festgelegten Raumweg mit Verbeugungen kombinieren

Weiterführende Ideen

1.	Die Geschichte von dem König, dem so heiss war

Erläuterungen zum Ideenpaket

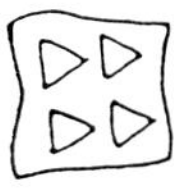 Einstimmung

1. **Fächer selbst herstellen**

Aus einem Blatt Papier, möglichst DIN A 3 Format, faltet sich jedes Kind einen eigenen Fächer. Das Papier kann vorher bemalt werden, so dass jedes Kind seinen Fächer wiedererkennt. In der Faschingszeit gibt es in Kaufhäusern auch günstige fertige Fächer zu kaufen, übers Jahr findet man sie in Dekorationsgeschäften und Asia-Shops. Jedes Kind probiert aus, welche Bewegungen mit dem Fächer günstig sind, um wirklich frische Luft zu bekommen. Auch das Öffnen und Schliessen des Fächers wird geübt.

Gemeinsam wird zusammengetragen, in welchen Ländern Fächer täglich genutzt werden, z.B. in Spanien, China, Japan und Korea. Auch in unserem Kulturkreis zählten zarte Fächer zu den selbstverständlichen Accessoires einer feinen Dame. Besonders im Sommer macht es Kindern Spass, sich mit diesem Material auseinanderzusetzen, da sie es selbst sehr geniessen, sich an einem heissen Tag kühle Luft zuzufächeln.

2. **Spiegelbild-Übungen mit Fächern**

Den direktesten Zugang zu Spiegelbild-Übungen eröffnet man den Kindern, indem man einen Handspiegel mit in die Stunde nimmt. Jedes Kind darf einmal hineinschauen und eine Fratze schneiden. Danach wird gemeinsam besprochen, was in dem Spiegel zu sehen war. Die Kinder stellen gemeinsam einen grossen Spiegel dar, und die Gruppenleiterin stellt sich davor. Langsame Bewegungen der Gruppenleiterin, z.B. nur mit einer Hand, werden im selben Moment imitiert. Wichtig ist, daß die Gruppenleiterin am Platz bleibt und nur einen Körperteil zeitlupenartig bewegt, sonst ist es für die Kinder zu schwer, die Bewegungen zu übernehmen.
Spannend ist es, diese Übung auch mit Fächern auszuprobieren. Verschiedene Formen und Schnörkel werden in die Luft gemalt. Haben die Kinder das Prinzip verstanden, werden Paare gebildet und verabredet, wer der „Spiegel“ ist und wer davor steht. Zu sanfter Musik macht es besonders viel Spass, z.B. zur 17

3. **Improvisieren über eine pentatonische Skala**

Viele Kinder kennen die Geschichten von Jim Knopf und Lukas dem Lokomotivführer. Auf ihrer grossen Reise lernen sie auch China kennen, und ihre ersten Eindrücke sammeln sie in einer gläsernen Landschaft mit Brücken aus Porzellan und Häusern mit silbernen Glöckchen an den Dächern. Die Kinder stellen sich vor, selbst durch diese gläserne Landschaft zu spazieren. Es stehen ihnen dafür Stabspiele ohne „f“ und „h“ und langklingende Instrumente wie Triangel, Fingercymbeln, Becken

SPIEGELBILD-SPIEL

und Gongs zur Verfügung. Ein Anfangston auf einem Becken und ein Schlusston bilden den Rahmen für dieses Spiel.

4. **Lied: „Aus dem fernen China“**

Mit der pentatonischen Skala aus der Aufgabe „Einstimmung 3“ kann das folgende Lied begleitet werden:

(Text und Musik: Ulrike Meyerholz)

„Fächertanz“

Melodie

(Ganz einfach nur auf den schwarzen Tasten des Klaviers spielen)

A

B

Form

Vorspiel: 2 Takte

A	B	A	B	A	B	A	B
8 Takte	8 Takte	8 Takte	8 Takte	8 Takte	8 Takte	8 Takte	10 Takte

Offene Bewegungsformen mit Musik

1. **Fächerspiel**

Jedes Kind hat einen Fächer. Alle stehen in einem möglichst großen Kreis. Der Raum wird so ausgenutzt, dass die Kinder für die freie Tanzphase im B-Teil genügend Platz haben.

A-Teil	B-Teil
Die Kinder tippeln mit kleinen Schritten und winzigen, schnellen Bewegungen mit dem Fächer von einem festgelegten Platz am Rand des Raumes in die Mitte.	Die Kinder hüpfen kreuz und quer durch den Raum. Sie können dabei den Fächer frei mitbewegen oder zusammengefaltet in der Hand behalten. Gegen Ende des B-Teils sollen sie wieder an ihrem Ausgangspunkt am Rande des Raumes angekommen sein.

2. **Spiegelbild-Spiel mit Fächer**

In „Einstimmung 2“ ist das Spiegelbildspiel ausführlich beschrieben. Nun soll es - zeitlich eingegrenzt - zum A-Teil der Musik ausgeführt werden. Die Kinder gehen zu Paaren zusammen. Sie verabreden, wer von ihnen den Spiegel darstellt und wer vor dem Spiegel steht. Die Paare sollen gut verteilt im Raum stehen, so dass sie sich ganz auf ihre Bewegungen konzentrieren können.

A-Teil	B-Teil
Mit extrem langsamen Bewegungen malt das Kind, das vor dem Spiegel steht, mit seinem Fächer Formen in die Luft, die vom „Spiegelkind“ gleichzeitig imitiert werden.	Beide lösen sich voneinander und tanzen kreuz und quer durch den Raum. Dabei sollen sie sich aber nie aus den Augen verlieren, damit sie am Schluss dieser Phase wieder zueinander kommen können, um das Spiegelbild-Spiel erneut mit vertauschten Rollen durchzuführen.

3. **Spiel mit japanischen Papierbällen**

Ein anderes geeignetes Material, um die Fächertanz-Musik noch besser kennenzulernen, sind japanische Papierbälle. Diese hauchzarten Gebilde, die trotzdem erstaunlich stabil sind, kommen ebenfalls aus dem asiatischen Kulturraum und sind in gut sortierten Spielwarenläden erhältlich. Die Bälle werden vorsichtig aufgeblasen. Dabei ist es wichtig, dass der Mund nicht direkt mit dem Papier in Kontakt kommt, da die Bälle leicht reissen, wenn sie feucht werden. Sie entfalten sich durch einen gezielten Luftstrahl wie beim „Seifenblasen pusten“. Das Aufblasen sollte ein paar Mal gemeinsam geübt werden.

A-Teil	B-Teil
Die Kinder balancieren die Bälle vorsichtig auf der Handinnenfläche und versuchen sich dabei langsam fortzubewegen, ohne dass der Ball herunterfällt.	Zu der lebhafteren Musik lassen die Kinder die Bälle auf der flachen Innenhand hüpfen. Auch hier soll der Ball den Boden möglichst nicht berühren. Wird er durch zu heftiges Antippen zu sehr eingedellt, kann er im nächsten A-Teil - statt balanciert - wieder aufgeblasen werden.

FÄCHERTANZ 4. STROPHE, TAKT 1–4

Festgelegte Bewegungsformen mit Musik

1. **Fächertanz**

Die Kinder gehen zu zweit zusammen. Jedes Paar hat möglichst gleichgestaltete Fächer. Soll der Tanz aufgeführt werden, stehen die Kinder in einer Reihe dem Publikum gegenüber. Eine grössere Gruppe von etwa 20 Kindern kann sich im Kreis aufstellen, die Körperfront ist dabei nach aussen gewandt. Tanzen die Kinder den Tanz für sich, stehen sie auch in einem Kreis, aber die Körperfront zeigt nach innen.

A-Teil	B-Teil
Mit der ganzen Gruppe werden langsame synchrone Fächerbewegungen ausgeführt. Der Fächer wird mit beiden Händen so gehalten, dass er das eigene Gesicht verdeckt. **1. Strophe,Takt 1- 4:** In extremer Zeitlupenbewegung gibt der Fächer das Gesicht frei, indem er nach unten bewegt wird. **Takt 5-8:** In extremer Zeitlupenbewegung wird der Fächer wieder vor das Gesicht geführt, bis es wieder ganz verdeckt ist. **2. Strophe,Takt 1- 4:** In Zeitlupenbewegung führen beide Hände den Fächer vom Körper weg nach unten, bis die Arme ganz gestreckt bei den Oberschenkeln sind. **Takt 5- 8:** wie Takt 1-4, nur rückwärts **3. Strophe, Takt 1-2:** Der Fächer wird in einer seitlichen Bewegung vor das Gesicht des rechten Nachbarn geführt. **Takt 3- 4:** wie Takt 1-2, nur rückwärts **Takt 5-8:** Takt 1-4 werden wiederholt. **4. Strophe, Takt 1- 4:** Mit beiden Händen wird der Fächer zuerst nach oben geführt, bis die Arme gestreckt über dem Kopf sind. Nach einem grossen schwungvollen Bogen berührt der Fächer die Fussspitzen . **Takt 5-8:** wie Takt 1-4, nur rückwärts	Mit kleinen Tippelschritten und fächelnden Fächerbewegungen werden folgende Raumwege ausgeführt: **Takt 1:** mit 8 kleinen Tippelschritten eine Vierteldrehung zum Partner hin **Takt 2:** Auf die ersten beiden Zählzeiten verbeugen sich Kopf und Oberköper zu dem Partner hin, auf die nächsten beiden Zählzeiten richten sich die Kinder wieder auf. **Takt 3:** mit 8 Tippelschritten wieder eine Vierteldrehung zum Ausgangspunkt zurück **Takt 4:** wie Takt 2, eine langsame Verbeugung in der Ausgangsposition **Takt 5:** mit 8 Tippelschritten eine Vierteldrehung zum Gegenpartner **Takt 6:** wie Takt 2, eine Verbeugung zum Gegenpartner **Takt 7:** mit 8 Tippelschritten eine Vierteldrehung zurück zum Ausgangspunkt **Takt 8:** wie Takt 2, eine langsame Verbeugung in der Ausgangsposition Diese Folge gilt für alle vier Strophen.

Weiterführende Ideen

1. **Die Geschichte von dem König, dem so heiss war**

Diese lustige Geschichte kann ohne grossen Aufwand von den Kindern nachgespielt werden. Nachdem die Handlung den Kindern nach zwei, drei spontanen Spieldurchgängen vertraut ist, kann daraus leicht ein Theaterstück mit Musik und Bewegung entstehen. Die Geschichte ist so aufgebaut, dass durch wiederkehrende Elemente klare Strukturen vorhanden sind. Dies reduziert auch den Textumfang für die Hauptrolle. Die Zahl der Mitspieler kann beliebig reduziert oder erweitert werden. Die benötigten Requisiten sind in jedem Haushalt vorhanden.

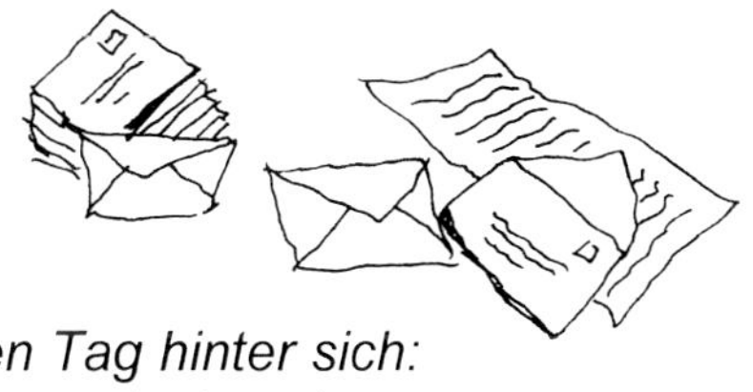

Es lebte einmal in einem fernen Schloss ein König. Er hatte einen schweren Tag hinter sich: 102 Briefe musste er lesen und unterschreiben, 73 Besucher empfangen und einmal um sein Königreich reiten. Als er auch noch seine königliche Gymnastik absolviert hatte, stöhnte er laut auf: „Oh, mir ist sooo heiss!“ Dies sprach sich sofort wie ein Lauffeuer im Schloss herum. Alle zerbrachen sich den Kopf, wie sie dem König helfen konnten.

Zuerst hatte der Küchenchef eine Idee: Er suchte alle Eiswürfel, die er in der königlichen Küche finden konnte zusammen, füllte sie in einen grossen Beutel und eilte damit zum König: „Majestät, hier habe ich einen wunderbaren Eisbeutel, der wird Ihnen königliche Abkühlung verschaffen!“ Mit diesen Worten setzte er dem König den Eisbeutel auf den Kopf. Sofort fingen die Hofdamen an zu kichern. Doch erst als sich der König im goldenen Kristallspiegel sah, wusste er warum. Behutsam und würdevoll nahm er den Beutel von seinem Kopf - wie sich das für einen König gehörte - und gab ihn dem Küchenmeister mit den Worten zurück: „Hab Dank für deine Mühe, aber ich glaube, das ist doch nicht das Richtige für mich.“

Kurz danach eilte der königliche Leibarzt mit einer silbernen Schüssel herbei: „Mein König, ich habe Euch ein kühlendes Kräuterfussbad zubereitet. Ihr müsst nur Eure königlichen Hosen ein wenig hochkrempeln und Eure Füsse ins kühle Wasser tauchen.“ Der König befolgte den Rat seines Leibarztes, krempelte die Hosen ein wenig hoch und plätscherte mit den Füssen in der silbernen Schüssel. Sofort fingen die Hofdamen an zu kichern. Das sah aber auch wieder zu komisch aus! „Mein lieber Leibarzt“, sagte der König, „hab Dank für deine Mühe, aber ich glaube, das ist doch nicht das Richtige für mich.“

Kaum hatte der Leibarzt den Saal verlassen, eilte der königliche Hoferfinder mit einer wunderlich anzusehenden, laut scheppernden Maschine zum König. Ausser Atem verbeugte er sich und sprach: “Mein König, ich habe gehört, dass Euch so heiss ist. Deshalb bin ich sofort mit meiner genialen Spritzmaschine zu Euch gekommen, um Euch Abkühlung zu verschaffen.“ Er drückte umständlich ein paar Knöpfe, bis sich plötzlich ein Wasserstrahl über dem König ergoss. „Was zuviel ist, ist zuviel!“, rief der König entsetzt. „Hat denn keiner eine vernünftige Idee?“ Er beruhigte sich aber schnell wieder und sagte noch etwas verärgert zu dem königlichen Hoferfinder: „Hab Dank für deine Mühe, aber ich glaube das ist doch nicht das Richtige für mich.“

Nachdem der königliche Hoferfinder fort war, öffnete sich leise die Tür, und Prinzessin Sing-Tsching aus China kam herein. Sie war gerade auf der Durchreise und hatte von den Problemen des Königs gehört. Sie und ihre 5 Reisegefährten tippelten mit kleinen Schrittchen zum König und verbeugten sich. „In meinem Land benutzen wir in der königlichen Familie Fächer, wenn uns heiss ist. Wir zeigen Euch gerne, wie einfach das geht.“ Sofort öffneten die Gäste aus China ihre Fächer, und so kam der König endlich zu seiner ersehnten Abkühlung.

Seit diesem Tag, haben die Hofdamen nichts mehr zu kichern: Immer wenn es dem König heiss ist, müssen sie ihm mit den feinen Fächern der Prinzessin Sing-Tsching Abkühlung verschaffen.

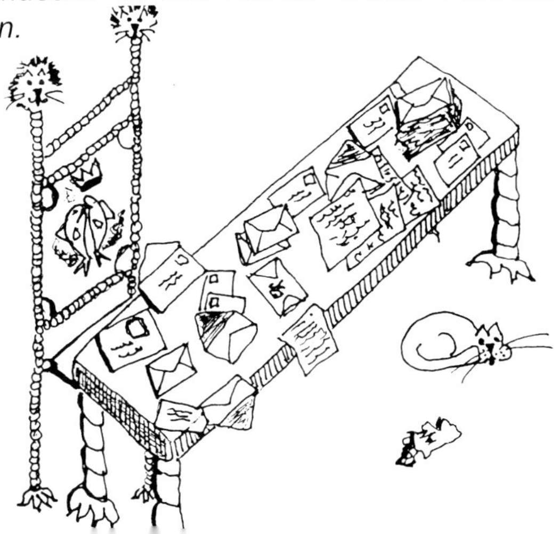

Tips zur praktischen Umsetzung

Die benötigten Requisiten sind schnell zusammengetragen:

Der **„Eisbeutel“** muss nicht tatsächlich mit Eiswürfeln gefüllt werden. Eine knallbunte Plastiktüte, gefüllt mit kleinen Bällen, Kastanien oder Sandsäckchen, erfüllt diesen Zweck ebenso. Die **„königliche Silberschüssel“** kann eine mit Alufolie umwickelte Plastikschüssel sein. Die **„Spritzmaschine“** entsteht aus einem grossen Pappkarton, der mit allerlei wunderlichem Krimskrams, unter anderem einer Wasserspritzpistole, ausgestattet ist. Der König braucht eigentlich nur eine Krone, die Hofdamen werden mit ein paar Chiffontüchern fein gemacht.

Musikalisch kann das Geschehen durch einfache Akzente von verschiedenen Instrumenten unterstützt werden, z.B.:

- Wenn der Küchenchef und der Leibarzt herbeieilen, schnelle Wirbel mit einem Schlagzeugbesen auf ein Becken spielen.

- Bevor der König seinen immer wiederkehrenden Satz spricht, kann ein gewichtiger Schlag auf ein Becken erklingen.

- Kommt die chinesische Delegation, wird entweder auf einer pentatonischen Skala improvisiert (s. „Einstimmung 3“), oder die Fächertanz-Musik eingespielt. Die Handlung der Geschichte kann an dieser Stelle auch so ausgeweitet werden, dass die Gruppe aus China den Fächertanz vorführt (s. „Festgelegte Bewegungsformen 1“).

DER HEISSE TIP!

WIR VERREISEN

8

Ideenpaket 8: „Wir verreisen“

Einstimmung

1.	Gespräch über das Verreisen
2.	Die Geschichte von der Familie Otti
3.	Musik hören: Welche Reisemöglichkeiten kommen in dem Stück vor?
4.	Reaktionsspiel: Auf Zuruf verschiedene Fortbewegungsmittel in Bewegung und mit Geräuschen darstellen

Offene Bewegungsformen mit Musik

1.	Spontanes Umsetzen der erklingenden Fortbewegungsmittel in Bewegung

Festgelegte Bewegungsformen mit Musik

1.	Für jedes Fortbewegungsmittel eine verabredete Darstellungsart festlegen

Weiterführende Ideen

1.	Musik als Schattenspiel oder Schwarzlichttheaterstück durchführen

Weitere Musikstücke zur Vertiefung der Thematik oder als Einstimmung in eine eigenständige Stunde

1.	Eisenbahn (Melodie-Instrument: Saloonpiano) 9
2.	Flugzeug (Melodie-Instrument: rockige E-Gitarre) 10
3.	Schiff (Melodie-Instrument: Oboe) 11
4.	Kutsche (Melodie-Instrument: Geige) 12
5.	Pferd (Melodie-Instrument: Mundharmonika) 13
6.	Heissluftballon (Melodie-Instrument: Synthesizer) 14

Erläuterungen zum Ideenpaket

Einstimmung

1. **Gespräch über das Verreisen**

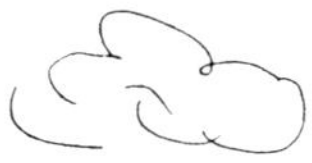

Auf die Frage der Gruppenleiterin „Wer ist denn schon einmal verreist?“, kann sie sich sicher vor Antworten kaum retten. In der heutigen Zeit ist es üblich, dass man öfter verreist. Auch wenn die Kinder keine grossen Ferienreisen gemacht haben, sind alle sicher einmal bei den Grosseltern, Patentanten usw. zu Besuch gewesen und empfinden das auch als kleine Reise. Die Gruppenleiterin lenkt das Gespräch auf Fortbewegungsmittel, mit denen man wegfahren kann. Gemeinsam werden einige aufgezählt, und je nach Zeit auch ein paar Reisegeschichten erzählt.

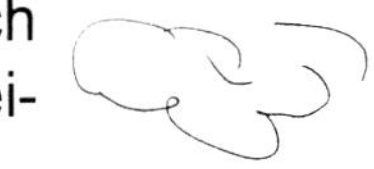

FAMILIE OTTI VERREIST MIT DEM ZUG

2. **Die Geschichte von der Familie Otti**

Kennt ihr die Familie Otti? Sie wohnt ganz in der Nähe von euch. Es ist eine grosse Familie. Da ist der Vater Otti Otti, die Mutter Lotti Otti und die Kinder Susi Otti, Tommi Otti, Lilli Otti, Ulli Otti, Willi Otti, Erni Otti, Berni Otti und Heidi Otti, der Hund.

Die ganze Familie will verreisen, denn das Wetter hier zu Hause gefällt ihnen gar nicht. Deshalb war Otti Otti im Reisebüro und hat eine Reise nach Italien mit dem Nachtzug gebucht. Alle steigen nun in den Zug ein: Der Vater Otti Otti, die Mutter Lotti Otti und die Kinder Susi Otti, Tommi Otti, Lilli Otti, Ulli Otti, Willi Otti, Erni Otti, Berni Otti und Heidi Otti, der Hund.

Aber in Italien ist es ihnen viel zu heiss, und die Spaghetti sind ihnen zu lang. Sie steigen in das nächste Flugzeug zum Nordpol ein: Der Vater Otti Otti, die Mutter Lotti Otti und die Kinder Susi Otti, Tommi Otti, Lilli Otti, Ulli Otti, Willi Otti, Erni Otti, Berni Otti und Heidi Otti, der Hund.

Aber am Nordpol ist es ihnen viel zu kalt, und sie haben Angst vor den Eisbären. Sie steigen in das nächste Schiff nach New York ein: Der Vater Otti Otti, die Mutter Lotti Otti und die Kinder Susi Otti, Tommi Otti, Lilli Otti, Ulli Otti, Willi Otti, Erni Otti, Berni Otti und Heidi Otti, der Hund.

Aber in New York ist es ihnen viel zu voll, und alle Leute reden Englisch. Sie steigen in die nächste Kutsche in den Wilden Westen ein: Der Vater Otti Otti, die Mutter Lotti Otti und die Kinder Susi Otti, Tommi Otti, Lilli Otti, Ulli Otti, Willi Otti, Erni Otti, Berni Otti und Heidi Otti, der Hund.

Aber in der Kutsche ist es viel zu eng und holperig. Sie steigen auf ein Pferd um: Der Vater Otti Otti, die Mutter Lotti Otti und die Kinder Susi Otti, Tommi Otti, Lilli Otti, Ulli Otti, Willi Otti, Erni Otti, Berni Otti und Heidi Otti, der Hund.

Aber die Pferde sind viel zu bockig und werfen alle ab und riechen überhaupt zu sehr nach Pferd. Sie steigen in den nächsten Heissluftballon: Der Vater Otti Otti, die Mutter Lotti Otti und die Kinder Susi Otti, Tommi Otti, Lilli Otti, Ulli Otti, Willi Otti, Erni Otti, Berni Otti und Heidi Otti, der Hund.

Das gefällt ihnen allen endlich sehr gut. Gemütlich können sie die Welt von oben betrachten. Plötzlich rufen der Vater Otti Otti, die Mutter Lotti Otti und die Kinder Susi Otti, Tommi Otti, Lilli Otti, Ulli Otti, Willi Otti, Erni Otti, Berni Otti und Heidi Otti, der Hund: „Hier ist es am schönsten, lasst uns landen!"
Und was meint ihr, wo sie gelandet sind? Ganz in der Nähe von euch, zu Hause!

Nachdem die Gruppenleiterin die Geschichte vorgelesen hat, wird gemeinsam besprochen, was die Familie Otti erlebt und welche Reisemöglichkeiten sie benutzt hat. Natürlich kann die Geschichte spontan pantomimisch dargestellt und ausgestaltet werden, aber auch als Einstimmungsphase ist sie sehr geeignet. Die Anzahl der Familienmitglieder wird auf die tatsächliche Gruppengrösse verkleinert oder vergrössert, so dass alle Kinder mitspielen können.

3. **Musik hören: Welche Reisemöglichkeiten kommen in dem Stück vor?**

Die Fortbewegungsmittel, die die Familie Otti auf ihrer Reise wählen („Einstimmung 2"), erscheinen in der Geschichte in der gleichen Reihenfolge wie in der Musik. So wird es den Kindern nicht schwer fallen, zu erraten, was die Musik jeweils darstellt.

Manchen Kindern fällt auf, dass die Musik „immer gleich" ist. Die Kinder haben das ganz richtig erkannt, da die Melodie zu den einzelnen Fortbewegungsmitteln immer dieselbe Tonfolge hat, sich aber in Tempo, Dynamik und Instrumentierung unterscheidet. Dies entspricht dem Prinzip „Thema mit Variationen".

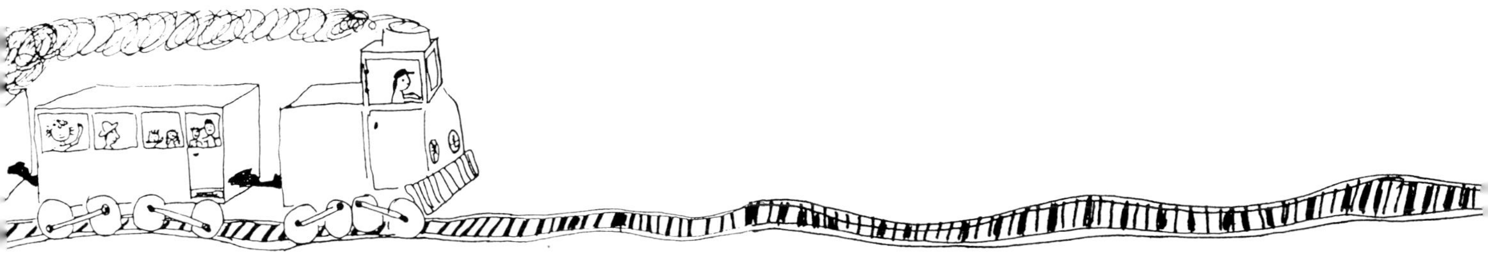

4. **Reaktionsspiel: Auf Zuruf verschiedene Fortbewegungsmittel in Bewegung und mit Geräuschen darstellen**

Die Kinder bewegen sich zu einer Begleitung kreuz und quer durch den Raum. Wenn die Musik stoppt, nennt die Gruppenleiterin ein Verkehrsmittel. Jedes Kind versucht nun spontan, dieses mit Bewegung und Geräuschen darzustellen. Besonders gelungene Darstellungen können der Gruppe gezeigt werden.

◄MIT DER EISENBAHN IN DEN WILDEN WESTEN

„Wir verreisen“

Melodie

Form: Variationen in verschiedenen Tempi und Tonlagen

A1	8 Takte Vorspiel	Eisenbahn	16 Takte Melodie
A2	6 Takte Zwischenspiel	Flugzeug	16 Takte Melodie (im halben Tempo)
A3	2 Takte Zwischenspiel	Schiff	8 Takte Melodie (langsam)
A4	4 Takte Zwischenspiel	Kutsche	16 Takte Melodie (mittel)
A5	2 Takte Zwischenspiel 2 Takte Zwischenspiel	Pferd	8 Takte Melodie (langsam) 8 Takte Melodie (schnell)
A6	Heissluftballon, sehr langsam, ohne erkennbares Metrum		

ZWEI PFERDE UND EIN KUTSCHER IN VOLLER FAHRT

Offene Bewegungsformen mit Musik

1. **Spontanes Umsetzen der erklingenden Fortbewegungsmittel in Bewegung**

Die Kinder passen die in „Einstimmung 3“ gemachten Erfahrungen der Länge der erklingenden Fortbewegungsarten an. Erkennen sie nicht gleich nach dem Einsetzen des nächsten Musikteils, was dargestellt wird, hilft die Gruppenleiterin den Kindern durch pantomimische Bewegungen.

Festgelegte Bewegungsformen mit Musik

1. **Für jedes Fortbewegungsmittel eine verabredete Darstellungsart festlegen**

Je nach Grösse des Raumes und der zur Verfügung stehenden Materialien entwickelt jede Gruppe ganz eigene Möglichkeiten der Darstellung. Die folgenden Vorschläge sind alle so zu verstehen, dass sie jederzeit abgeändert werden können. Für

STARTEN

AUFSTEIGEN

FLIEGEN

eine Aufführung entscheiden sich Kleingruppen für die Darstellung von nur einem Fahrzeug. Alle Gruppen kommen bevor es losgeht mit allen Requisiten auf die Bühne und „fahren" dann los, wenn ihre Musik erklingt. Sind sie fertig, ziehen sie sich in den Hintergrund der Bühne zurück.

A1: Eisenbahn

Viele Kinder stellen sich hintereinander auf, ohne sich zu berühren, da sie sonst leicht auf die Fersen des Vorderkindes treten. Die Eisenbahn fährt Kurven, enge und weite. Zwei Kinder bilden mit ihren hocherhobenen und gefassten Händen eine Brücke, unter der der Zug durchfährt.

A2: Flugzeug

Jedes Kind hat einen Gymnastikreifen. Im Reifen stehend, mit beiden Händen den Reifen gefasst, kann nicht nur das Fliegen, sondern auch das Starten und Landen gut dargestellt werden.

A3: Schiff

Mit Klebeband hat die Gruppenleiterin den Umriss eines Schiffes auf den Boden geklebt. Ein Kapitän, der das Steuerrad bedient, wird bestimmt. Die andern Kinder sitzen im Schiff und geniessen die Aussicht.

A4: Kutsche

Mindestens ein Pferd, besser zwei oder drei, ziehen die Kutsche. Der Kutscher hat die Pferde mit Gymnastikseilen ganz raffiniert eingeschirrt: Das „Pferd" hält die Arme seitlich hoch. Der Kutscher legt die Mitte des Seiles zuerst hinten an den Hals und führt die beiden Enden jeweils unter den Achseln zum Rücken hin durch. Wenn man das Seil nur um den Bauch führt, kann es bei lebhaften Bewegungen zu sehr einschnüren. Eigentlich sollte der Kutscher ja bestimmen, wohin die Kutsche fährt, aber bei diesem Spiel haben die Pferde die Führung.

A5: Pferd

Ein grösseres Kind nimmt ein kleineres Huckepack und kann so gleich losreiten, erst langsamer und dann schneller. Auch wenn die Kinder verkehrt auf Stühlen sitzen - die Lehne stellt den Hals des Pferdes dar - reiten sie gerne durch die Landschaft.

REITEN HAT VOR- UND NACHTEILE

Eine dritte Möglichkeit bieten grosse Sitzkissen, die mit Seilen „eingeschirrt“ werden und ein besonders bequemes und weiches Reiten ermöglichen.

A6: Heissluftballon

Ein enger Stuhlkreis stellt den Korb des Ballons dar. Die Kinder knien auf den Sitzflächen und schauen über die Lehne in die Tiefe. Dabei halten sie die flache Hand über die Augen und geniessen die grandiose Aussicht. Mit den Armen hoch über dem Kopf und auf Zehenspitzen „fliegt“ eine andere Ballonart lautlos durch die Lüfte.

IM HEISSLUFTBALLON SITZEN

WIE EIN BALLON SCHWEBEN

Weiterführende Ideen

1. **Musik als Schattenspiel oder Schwarzlichttheaterstück durchführen**

Flugzeug und Heissluftballon können bei diesen Darstellungsarten tatsächlich fliegen, und das allein lohnt schon die Mühe des recht grossen Aufwands. Ältere Grundschulkinder sind sehr von diesen Möglichkeiten fasziniert und zeichnen und schneiden gerne die verschiedenen Verkehrsmittel aus. Für das Schattentheater können das ganz kleine Scherenschnitte sein. Von einem Overheadprojektor auf eine 3x4 m grosse Leinwand projiziert, erscheinen die ausgeschnittenen Mini-Fahrzeuge in Lebensgrösse, und die Kinder können einsteigen. Die Illusion der Bewegung entsteht dadurch, dass Scherenschnitte von Bäumen, Häusern und Wolken am Rand des Overheadprojektors in eine Richtung gezogen werden. Dazu sind mindestens zwei geduldige Personen am Overheadprojektor nötig.
Auch die Geschichte der Familie Otti („Einstimmung 2“) kann so ganz witzig dargestellt werden.

Beim Schwarzlichttheater (s. auch Kapitel „Glühwürmchentanz", „Weiterführende Ideen 1") werden die Requisiten aus weisser Pappe ausgeschnitten und können mit Neonfarben angemalt werden. Die Kinder führen die Figuren, spielen selbst aber nicht als Personen mit. Sonst wird wie beim Schattentheater verfahren: Das Verkehrsmittel bleibt am Ort, ruckelt etwas, und verschiedenste Objekte ziehen dahinter vorbei. Flugzeug und Heissluftballon jedoch können das Fliegen richtig auskosten: Ein relativ kleines Flugzeug schwirrt zwischen grossen Wolken umher und kann verschiedenen Flugobjekten wie z.B. Ufos begegnen. Ein besonders liebevoll verzierter Heissluftballon hebt dagegen ganz langsam in Zeitlupe ab und überfliegt fantastische Landschaften.

Weitere Musikstücke zur Vertiefung der Thematik oder als Einstimmung für eine eigenständige Stunde

Um einen variableren Gebrauch der verschiedenen Fortbewegungsmittel zu ermöglichen, sind die einzelnen Variationen als eigenständige Musikstücke ausgearbeitet worden. Bei jeder Musik steht ein besonderes Hauptinstrument im Vordergrund. Durch gezieltes Hören lernen die Kinder diese unterschiedlichen Klangfarben kennen und können sie nach und nach unterscheiden.

Die Ideen, die bei den „Festgelegten Formen mit Musik" aufgeführt sind, können auch zu dieser Musik übernommen werden. Da die Stücke etwas länger sind, steht noch mehr Gestaltungsraum zur Verfügung, so dass richtige kleine Geschichten entstehen können:

9

1. Eisenbahn
Ein Anfangs- und ein Endbahnhof können durch Kinder oder Requisiten, z.B. Stühle dargestellt werden. Die Eisenbahn fährt durch einen Kindertunnel, über Mattenberge und hält zwischendurch, um Leute ein- und aussteigen zu lassen.

10

2. Flugzeug
Die Musik kann für eine Zwischenlandung zum Auftanken ab und zu ausgeblendet werden.

11

3. Schiff
Die Passagiere sonnen sich auf Deck und reiben sich mit Sonnencreme ein. Das Schiff fährt so gemütlich, dass ganz Mutige nebenherschwimmen dürfen.

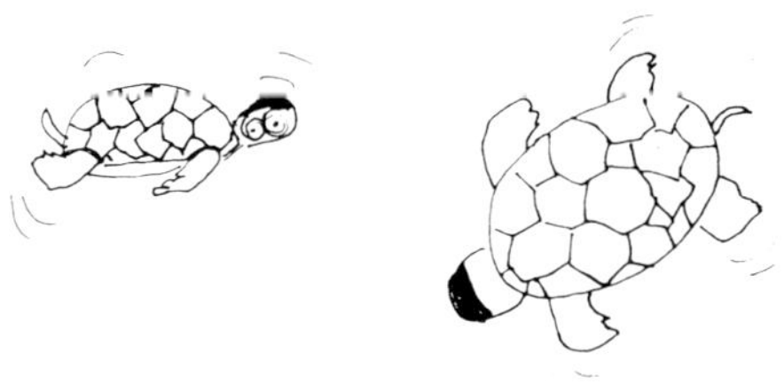

12

4. Kutsche

Da es für die Pferde und den Kutscher sehr anstrengend ist, dürfen die Pferde zwischendurch auf die Weide. Auch der Kutscher genehmigt sich einen Drink.

13

5. Pferd

Im langsamen Teil wird sehr gemütlich geritten, damit der zweite schnelle Teil kräftemässig durchgehalten werden kann.

14

6. Heissluftballon

Diese Musik ist als Entspannungsmusik konzipiert, auf Seite 99 wird noch einmal besonders darauf eingegangen.

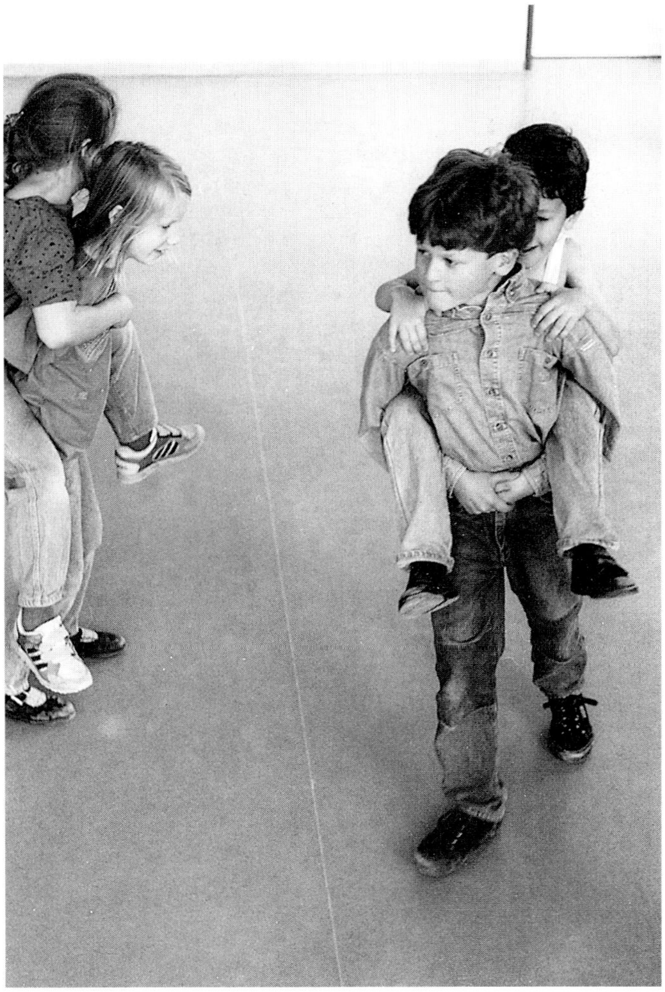

IM HEISSLUFTBALLON

14. „Im Heissluftballon“

Fantasiereise zu Entspannungsmusik

An warmen Sommerabenden sieht man immer häufiger Heissluftballone über die Landschaft schweben. Der Traum vom Fliegen ist hier auf besonders beschauliche Weise verwirklicht worden. In Gedanken fliegt jeder gerne ein Stückchen mit, bevor man sich wieder auf seinen Alltag konzentriert. Kinder sind besonders von diesen bunten Riesenballonen fasziniert und sind sofort bereit, in ihrer Fantasie eine Ballonfahrt zu unternehmen.

Alle suchen sich ein gemütliches Plätzchen im Raum oder setzen sich rittlings bequem auf einen Stuhl und schliessen die Augen. Die Gruppenleiterin erzählt in ruhigen Worten zur Musik:

„Es ist herrliches Wetter, ideal für einen Flug mit dem Heissluftballon. Die Sonne scheint warm vom sommerlichen Himmel herunter, ein paar Wolken segeln sanft durch das Himmelsblau. Die bunte Ballonhülle ist mit heisser Luft gefüllt worden, und der grosse Korb steht für die Passagiere bereit. Behutsam steigen alle ein. Vorsichtig werden die Leinen gelöst. Wie durch Zauberhand schwebt der Heissluftballon in den Himmel. Es ist ein wunderbares Gefühl zu fliegen. Das Kribbeln im Bauch beim Abheben gehört dazu. Die Landschaft von oben ist seltsam vertraut und doch ein wenig fremd. Nach einer Weile sind ganz unbekannte Berge und Ortschaften zu sehen. Ein paar neugierige Vögel begleiten den Ballon ein Stück. Kleine und grosse Wolken zeigen sich in den sonderbarsten Anordnungen und Formen. Ein Wolkenbaum verwandelt sich langsam in einen Wolkenmann mit einer Pfeife im Mund. Eine Wolkenkuh war gerade noch ein Wolkenbett.
Die Passagiere nehmen Abschied von dem eindrucksvollen Wolkenspiel und bereiten sich auf die Landung vor. Häuser, Wiesen, Strassen und Menschen werden grösser und grösser. Sanft setzt der Ballon auf einer Wiese auf. Es ist schön, wieder festen Boden unter den Füssen zu haben.“

Ist die Musik zu Ende, spüren die Kinder noch einmal dem nach, was sie in ihrer Fantasie gesehen haben. Sie kehren mit ihren Gedanken wieder in den Raum zurück, räkeln und strecken sich. Nach und nach öffnen sie die Augen. In einem abschliessenden Gespräch kann nachgefragt werden, was die Kinder zusätzlich zu dem, was die Gruppenleiterin angeregt hat, „gesehen“ haben.

TANZ DER HERBSTBLÄTTER

15

Ideenpaket 15: „Tanz der Herbstblätter"

Einstimmung

1.	Tastspiel mit Kastanien, Nüssen und Herbstlaub
2.	Reaktionsspiel mit fallenden Blättern

Offene Bewegungsformen mit Musik

	A	B
1.	Ein Herbstblatt wird vorsichtig auf der Hand getragen.	Die Kinder lassen ihr Blatt im Wind tanzen.
2.	Jeder liegt als Blatt am Boden und wiegt sich leicht hin und her.	Der Herbstwind wirbelt alle Blätter umher.
3.	Der Frost versucht, die Landschaft mit seinem weissen Rauhreiftuch zu erobern.	Die Herbst-Trolle versuchen den Rauhreif abzuschütteln.

Festgelegte Bewegungsformen mit Musik

1.	Der Herbstsonnentanz

Weiterführende Ideen

1.	Lied: „In dem kleinen Stachelhaus", von Gerda Bächli

BLÄTTER WIRBELN IM WIND

Erläuterungen zum Ideenpaket

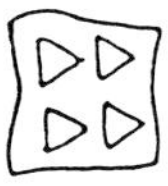

Einstimmung

1. **Tastspiel mit Kastanien, Nüssen und Herbstlaub**

Unter einem Tuch liegen 3, 4 verschiedene Herbstfrüchte und eventuell ein Gegenstand, der nicht zu dieser Gruppe gehört, z.B. eine grosse Schraube. Ein Kind nach dem andern tastet behutsam unter dem Tuch und versucht, alles zu erkennen. Wenn alle getastet haben, wird gemeinsam zusammengetragen, was darunter liegt. Zum Schluss wird das Tuch weggenommen.

2. **Reaktionsspiel mit fallenden Blättern**

Jedes Kind hat entweder ein echtes grosses Herbstblatt oder ein ausgeschnittenes Herbstblatt aus Papier. Die Kinder strecken ihren Arm hoch über den Kopf und lassen das Blatt fallen. Sie verfolgen den Flug des Blattes mit den Augen und sollen im gleichen Moment, in dem das Blatt den Boden berührt, ebenfalls auf dem Boden sitzen.

15

„Tanz der Herbstblätter“

Melodie

Vorspiel

A

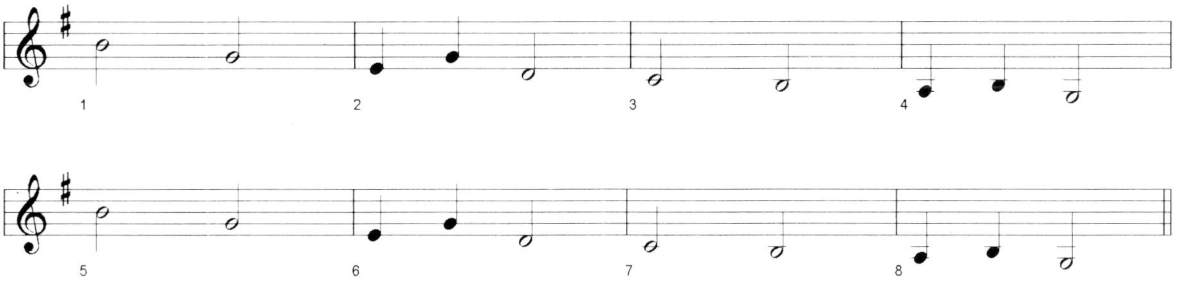

B, etwas schneller

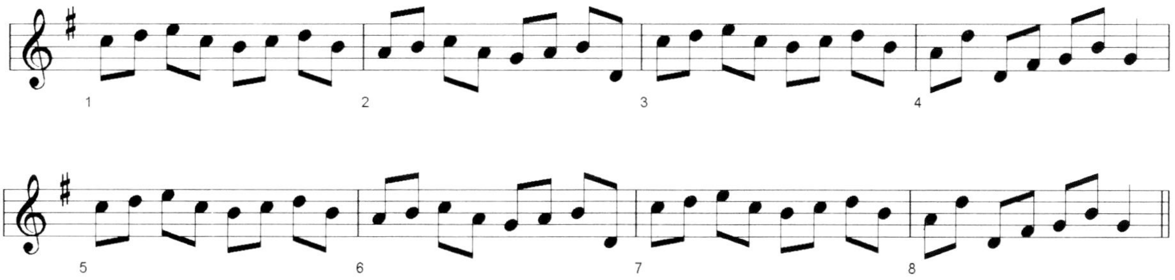

Form

Vorspiel: 2 Takte

A	B	A	B	A	B	A	B
8 Takte	8 Takte	8 Takte	8 Takte	8 Takte	8 Takte	8 Takte	8 Takte

Offene Bewegungsformen mit Musik

1. **Blätterspiel**

Jedes Kind hat ein Herbstblatt und sucht sich einen Platz im Raum.

A-Teil	B-Teil
Das Blatt wird vorsichtig auf der flachen Hand getragen und balanciert, ohne dass es herunterfällt.	Die Kinder nehmen ihr Blatt zwischen Daumen und Zeigefinger der anderen Hand und lassen es, angespornt durch die lebhafte Musik, im Wind tanzen.

2. **Die Kinder stellen Herbstblätter und Herbstwind dar**

A-Teil	B-Teil
Der Herbstwind wird von der Gruppenleiterin oder einem Kind dargestellt. Die anderen Kinder liegen auf dem Boden und rollen sanft hin und her. Ab und zu bekommen sie einen sanften Schubs vom „Herbstwind".	Der stürmische Herbstwind packt nacheinander die Kinder nun etwas heftiger an Armen oder Beinen, zieht und dreht sie eine Weile auf dem Boden. Voraussetzung dafür ist ein relativ glatter Boden.

Da der „Herbstwind" nach einem Durchgang schon völlig aus der Puste ist, gehen die Kinder paarweise zusammen. Eines ist ein Blatt, das zweite der Herbstwind. Dann wird wie oben beschrieben verfahren. Nach einem Durchgang werden die Rollen getauscht. Wichtig ist, darauf zu achten, dass genügend Platz vorhanden ist, denn die Kinder verlieren schnell die andern Paare aus den Augen, wenn sie in Aktion sind.

3. **Die Herbsttrolle vertreiben den Frost**

Im Herbst gibt es schon manchmal Tage, die so kalt sind, dass morgens die Wiesen mit Rauhreif überzogen sind. Aber die Sonne ist noch so stark, dass sie über die Kälte siegt. Dieses Bild soll von den Kindern nachempfunden werden. Einem Kind, das den Frost spielt, werden etwa 5-7 Kinder gegenübergestellt, die die Herbsttrolle sind. Das heisst also, dass bei einer Gruppe von 24 Kindern 3 Kinder den Frost und 21 die Herbsttrolle spielen. Jedes Frostkind muss mit 7 weissen Tüchern ausgestattet werden. Die Trolle stehen oder liegen erstarrt im Raum. Die Frostkinder haben sich versteckt.

A-Teil	B-Teil
Die Frostkinder schreiten zwischen den erstarrten Trollen umher und bedecken sie möglichst alle nach und nach mit je einem weissen Tuch.	Die Trolle erwachen aus ihrer Erstarrung und versuchen, ohne Gebrauch der Hände, das weisse Tuch abzuschütteln. Gelingt ihnen das, bevor der B-Teil zu Ende ist, tanzen sie wild zur Musik.

Bei den weiteren Durchgängen der Musik müssen die Frostkinder die weissen Tücher zuerst vom Boden nehmen um sie dann wieder auf die Trolle zu legen.

Festgelegte Bewegungsformen mit Musik

1. Der Herbstsonnentanz

Die Hälfte der Kinder steht in einem Innenkreis. Jedes Kind ist mit den Nachbarkindern durch ein etwa 1 m langes und 4 cm breites weisses Krepppapierband verbunden. Dieser Innenkreis stellt den Frost dar. In einem Aussenkreis, bei dem die Kinder untereinander einen relativ grossen Abstand haben, steht die andere Hälfte der Kinder. Sie haben in jeder Hand mehrere gelbe und orange Krepppapierbänder, die etwa 50 cm lang sind. Sie stellen die letzten warmen Herbstsonnenstrahlen dar.

A-Teil	B-Teil
Die Sonnenstrahlenkinder stehen während des ganzen A-Teils erstarrt an ihren Plätzen. Nur die Frostkinder bewegen sich. **Takt 1-6:** Die Frostkinder schreiten würdevoll mit 12 Schritten in Tanzrichtung. **Takt 7-8:** Sie drehen sich zur Kreismitte, hocken sich in Zeitlupe nieder und legen die Bänder auf den Boden. Sie müssen darauf achten, dass das Band genau vor einem Sonnenstrahlenkind liegt.	Die Frostkinder bewegen sich nicht während des B-Teils. Nach dem B-Teil ist eine kurze Pause, in der sie sich wieder aufrichten, um für den nächsten A-Teil bereit zu sein. **Takt 1:** Die Sonnenstrahlenkinder hüpfen mit einem Schlusssprung mit Nachfedern über das weisse Band in den Innenkreis hinein, mit den gleichen Bewegungen wieder heraus. Dabei werden die Arme mit den Bändern vor- und zurückgeschwungen. **Takt 2:** wie Takt 1 **Takt 3:** Mit vier Schritten eine ganze Drehung nach re. gehen, dabei lassen die ausgestreckten Arme die Bänder mitfliegen. **Takt 4:** wie Takt 3 **Takt 5-8:** Wiederholung von Takt 1-4

Weiterführende Ideen

1. Lied: „In dem kleinen Stachelhaus“

Das wunderschöne Spiellied von Gerda Bächli bereichert jede Stunde zum Thema Herbst. Es kann entweder als Fingerspiel oder als darstellendes Bewegungsspiel durchgeführt werden.

Gerda Bächli, „Im Bim-Bam-Bummelzug“, pan 109, Musikverlag Pan AG, Zürich, 1988.

Spielvorschlag als Bewegungsspiel: Jedes Kind stellt eine Kastanie dar und kauert auf der Erde. Bei „Plips“ öffnen sich die Arme, bei „Plups“ machen sie einen kleinen Sprung, und dann kullern sie über den Boden.

Spielvorschlag als Fingerspiel: Die Kinder sitzen im Stuhlkreis und formen mit den Händen ein Stachelhaus. Die Hände sind gefaltet, lassen aber innen einen Hohlraum, und die Fingerenden stehen steif ab. Bei „Plips“ öffnet sich die Hand, bei „Plups“ geben die Hände der imaginären Kastanie einen Schubs, und die Hände rotieren bis zum Ende des Liedes umeinander.

IMMER SCHNELLER

Ideenpaket 16: „Immer schneller“

16

Einstimmung

1.	Eichhörnchenspiel
2.	Verschiedene Nusssorten durch Ertasten erkennen
3.	Hör-Ratespiel: Welche Nüsse werden geklopft?
4.	Verschiedene Balancier-Möglichkeiten mit Nüssen ausprobieren

Offene Bewegungsformen mit Musik

1.	A Jedes Kind balanciert zwei Walnüsse.	B Jeder schlägt seine zwei Nüsse im Rhythmus der Musik zusammen.
2.	Streichmassage	Rhythmus-Klopfmassage
3.	Bohnensäckchenspiel („Hilf mir“)	

Festgelegte Bewegungsformen mit Musik

1.	A Spiralbewegung mit einem Arm und dabei eine Nuss auf der Handfläche balancieren	B Festgelegte Sprungkombinationen über die am Boden liegende Nuss

Weiterführende Ideen

1.	Nussgedicht: “Eine dicke Nuss“
2.	Nüsse aufessen
3.	Selbstbau-Instrumente mit Nüssen

Erläuterungen zum Ideenpaket

Es kommt leider in gängigen Kindertänzen recht selten vor, dass sich das Tempo einer Musik deutlich merkbar steigert, obwohl dies sehr motivierend für die Kinder ist. Es spornt sie an, das was sie schon recht gut können, noch weiter zu üben. Deshalb wird das Tempo des B-Teils dieses Stückes kontinuierlich schneller.

Einstimmung

1. **Eichhörnchenspiel**

Bevor die Kinder in die Stunde kommen, hat die Gruppenleiterin der Anzahl der Kinder entsprechend viele Nüsse versteckt. Irgendwo im Raum liegt ein Reifen o.ä., der das Eichhörnchennest ist. Die Kinder suchen alle Nüsse zusammen und bringen sie ins Nest. Hier wird die Ausbeute betrachtet, und die verschiedenen Nusssorten werden benannt.

2. **Verschiedene Nusssorten durch Ertasten erkennen**

Unter einem Tuch liegen verschiedene Nüsse: Erdnüsse, Walnüsse (Baumnüsse), Paranüsse, Mandeln, Haselnüsse und Kokosnüsse. Die Kinder sitzen im Kreis um das Tuch herum und dürfen der Reihe nach eine Nuss ertasten. Gemeinsam wird

EICHHÖRNCHENSPIEL

NÜSSE BALANCIEREN

zusammengetragen, welche Nüsse unter dem Tuch liegen. Zur Kontrolle wird nachher das Tuch weggezogen.

Variation: Je eine Nuss verschiedenster Sorten befindet sich in einem separaten Stoffsäckchen. Diese werden im Kreis herumgegeben und die Kinder befühlen sie alle nach und nach.

3. **Hör-Ratespiel: Welche Nüsse werden geklopft?**

Als Erweiterung von Einstimmung 1 und 2 kann diese etwas schwierigere Aufgabe durchgeführt werden. Die Gruppenleiterin hat von möglichst vielen Sorten jeweils 2 Nüsse. Sie zeigt den Kindern, wie es klingt, wenn beide aneinander geschlagen werden. Dies wird ein paar Mal wiederholt, damit die Kinder sich die feinen Unterschiede einprägen können. Nun drehen sich die Kinder um. Die Gruppenleiterin schlägt zwei gleiche Nüsse aneinander, und die Kinder raten, welche Sorte es war. Dieses Spiel sollte ein paar Mal wiederholt werden. Der Platz der Gruppenleiterin kann auch von Kindern eingenommen werden.

4. **Verschiedene Balancier-Möglichkeiten mit Nüssen ausprobieren**

Je nach Nussform ist es gar nicht so einfach, diese zu balancieren. Verschiedenste Nusssorten werden auf unterschiedlichsten Körperteilen getragen, ohne dass sie herunterfallen. Jedes Kind darf den andern eine besonders schwierige Art vorzeigen. Hoch- und Tiefbewegungen geben einen weiteren Anreiz für dieses Spiel.

16

„Immer schneller“

Melodie

Vorspiel

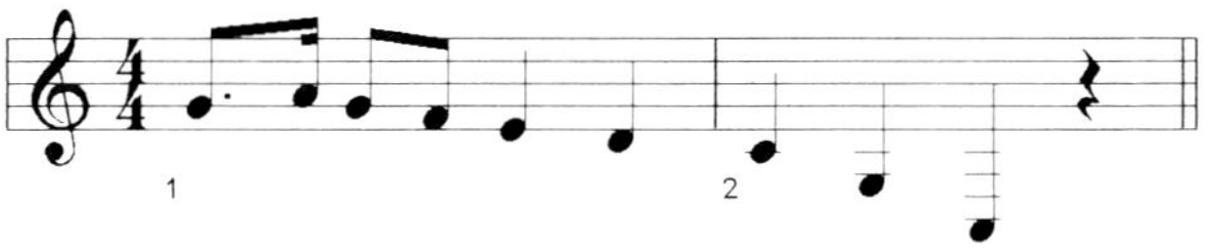

A

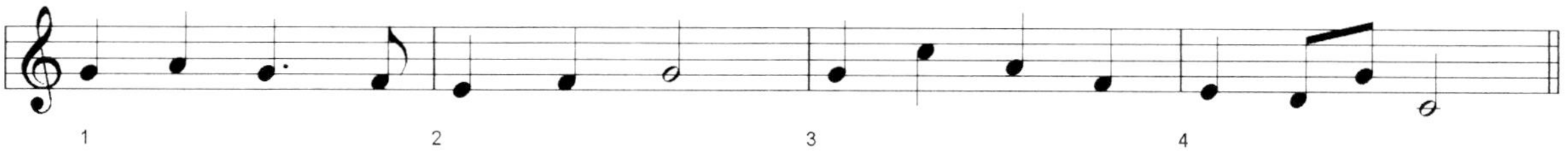

B 3x

Form

Vorspiel: 2 Takte

A	B	B	B	A	B	B	B	A	B	B	B	A	B	B	B
4 Takte	4 Takte	4 Takte	4 Takte	4 Takte	4 Takte	4 Takte	4 Takte	4 Takte	4 Takte	4 Takte	4 Takte	4 Takte	4 Takte	4 Takte	4 Takte
	Temposteigerung				Temposteigerung				Temposteigerung				Temposteigerung		

Offene Bewegungsformen mit Musik

1. **Rhythmusspiel mit Nüssen**

Die Kinder haben je zwei Walnüsse, in jeder Hand eine. Sie stehen gut verteilt im Raum.

A-Teil	B-Teil
Mit vorsichtigen Schritten und Handbewegungen bewegen sich die Kinder zur Musik.	Jeder klopft im Stehen seine Nüsse im Rhythmus der Musik aneinander.

2. **Massage**

Die Kinder gehen zu zweit zusammen, verteilen sich auf einer grosszügigen Kreisbahn, mit dem Blick zur Kreismitte. Eines steht hinter dem anderen.

A-Teil	B-Teil
Das hintere Kind streicht mit langsamen aber kraftvollen Bewegungen zur Musik über den Rücken des Vorderkindes.	Dasselbe Kind klopft nun verschiedene Rhythmen zur Musik auf den Rücken des Vorderkindes.

Diese Aufgabe sollte unbedingt zweimal gemacht werden, damit gewechselt werden kann und das andere Kind auch in den Genuss einer Massage kommt.

3. **Bohnensäckchen-Spiel („Hilf mir")**

Bohnensäckchen, bzw. Sandsäckchen sind ein weit verbreitetes Material aus der Rhythmik. Für das Bohnensäckchen-Spiel benötigt jedes Kind ein Stoffsäckchen, das prall mit getrockneten Bohnen, Erbsen oder mit Sand gefüllt ist.
Alle stehen gleichmässig verteilt im Raum und tragen ihr Säckchen auf dem Kopf.

A-Teil	B-Teil
Die Kinder probieren in Zeitlupe riskante Bewegungen aus, z.B. Standwaage oder Kniebeuge. Dabei darf das Säckchen nicht herunterfallen.	Die Kinder wuseln zur immer schneller werdenden Musik kreuz und quer durch den Raum. Ganz Mutige können versuchen, vorsichtig zum Rhythmus der Musik zu hüpfen.

Fällt das Säckchen im A- oder B-Teil herunter, versteinert das Kind. Es kann von den Mitspielern erlöst werden, indem diese mit ihrem Säckchen auf dem Kopf das heruntergefallene Säckchen aufheben und dem erstarrten Kind wieder vorsichtig auf den Kopf legen.

DIE NUSS IN EINER SPIRALE FÜHREN, OHNE DASS SIE HERUNTER FÄLLT

Festgelegte Bewegungsformen mit Musik

1. **Tanz mit Nüssen**

Jedes Kind hat eine Walnuss. Alle stehen im Kreis, Körperfront zur Mitte oder in zwei Reihen gegenüber.

A-Teil	B-Teil
Auf der Innenfläche der Hand liegt die Nuss wie auf einem Tablett. Die Hand führt ganz langsam eine Spiralbewegung aus: zuerst zum eigenen Körper hin nach links eindrehen, bis über den Kopf weiterdrehen und wieder zurück zur Ausgangsposition (s. Foto), bis die Nuss mit kleinen Schnörkelbewegungen auf den Boden vor die Füsse gelegt wird.	Sprungkombination: **Takt 1:** Auf die 1. Zählzeit so in eine leichte Grätsche springen, dass die Nuss genau zwischen den Füssen liegt. Auf die 2. Zählzeit so springen, dass die Füsse gekreuzt wieder aufkommen. Auch hier soll die Nuss zwischen den Füssen liegen. Die 3. und 4. Zählzeit ist die Wiederholung der 1. und 2. Zählzeit. **Takt 2:** Auf die 1. Zählzeit einen Schlusssprung vor die Nuss, auf die 2. Zählzeit folgt ein Schlusssprung hinter die Nuss. Die 3. und 4. Zählzeit ist die Wiederholung der 1. und 2. Zählzeit **Takt 3 und 4:** Wiederholung von Takt 1 und 2. Insgesamt kommt diese Folge 3x und steigert sich im Tempo. Zu Beginn hat man das Gefühl, die Musik ist recht langsam für die Sprünge, aber gegen Ende des B-Teils kommt man ganz schön aus der Puste und ist froh, wenn der erholsame A-Teil kommt.

Die Sprungkombination im B-Teil ist für konditionsstarke Tänzer eine Herausforderung, kann aber für manche zu anstrengend sein. In diesem Fall wird der B-Teil paarweise ausgeführt, indem das eine Kind nur auf Takt 1 und 2 springt und das andere Kind auf Takt 3 und 4. Die Kinder, die nicht springen, klatschen im Rhythmus dazu.

Weiterführende Ideen

1. **Nussgedicht: „Eine dicke Nuss“**

Die schweizerdeutsche Fassung hat einen etwas anderen Text und dadurch auch einen anderen Rhythmus.

(Text: Ulrike Meyerholz u. Susi Reichle-Ernst)

Diese kleine, humorvolle Geschichte setzen die Kinder gerne in Bewegung um, nachdem die Gruppenleiterin das Gedicht vorgestellt hat: Jedes Kind steht auf einem Stuhl in einem grosszügigen Stuhlkreis und stellt die kleine eitle Nuss dar. Es ist wichtig, dass in der Mitte viel Platz ist. Sehr schnell können die Kinder den Text mitsprechen. „Ach wie bin ich schön anzuschaun“ wird mit etwas affektierter Stimme ausgeführt. Dabei verändert sich die Mimik der Kinder automatisch. Bei „plumps“ springen alle vom Stuhl und rollen etwas umher, wenn der Wind kommt. Wenn der dicke Mann die Nuss knackt, strecken die Kinder Arme und Beine von sich. Dieser kleine Spruch macht viel Spass, wenn er rhythmisch gesprochen und mit Klanggesten und ein paar Instrumenten, die zum Text passen, gestaltet wird. Auch echte Nüsse können als perkussives Element genutzt werden, die dann an der „Kracks“-Stelle tatsächlich von einem Nussknacker geknackt werden.

2. **Nüsse aufessen**
...Mmmmh!!!

3. **Selbstbau-Instrumente mit Nüssen**

Es gibt zwei Arten von Walnusskastagnetten: Über Daumen und Zeigefinger gezogen sind Nusshälften, an die ein Stückchen Gummiband geklebt wurde (Heissklebepistole!) sofort spielbereit. Zwei Nusshälften auf eine stabile Pappe aufgeklebt, ergeben aufeinandergeschlagen einen ähnlichen Klang.

MEIN DRACHE GEHT AUF REISEN

17. „Mein Drache geht auf Reisen“

17

Fantasiereise zu Entspannungsmusik

Mit einem bunten Herbstdrachen, der sich die Welt von oben besieht, geht die Fantasie gern auf grosse Fahrt. Nachdem die Kinder eine bequeme Körperposition eingenommen haben, erzählt die Gruppenleiterin mit sanften Worten zur Musik, was der Drache auf seiner Reise alles erlebt. Sie lässt genügend Raum zwischen ihren Worten, damit die Kinder eigene Bilder entwickeln können:

„Es ist wunderbares Herbstwetter. Die Sonne scheint und ein kräftiger Wind weht. Es ist genau das richtige Wetter zum Drachensteigen. Ein bunter Lenkdrache tanzt am Himmel. Er sieht prächtig aus. Seine Stoffbespannung hat alle Farben. Seine Schnur hört gar nicht auf. Plötzlich packt ihn eine Windboe und wirbelt ihn in eine grosse Baumkrone. Vergeblich versucht der Drachenlenker seinen Drachen zu befreien. Traurig geht er nach einer Weile nach Hause. Da springt ein Eichhörnchen flink durch die feinen Äste und findet den Drachen im Baum. Mit seinen scharfen Zähnen knabbert es die Schnur durch und mit der nächsten Windbö fliegt der Drache in den Himmel. Das Eichhörnchen schaut ihm zufrieden nach. Der Drache tanzt mit ein paar Blättern um die Wette und gleitet immer höher in den Himmel hinauf. Schon schwebt er in den Wolken. Ein Schwarm Wildgänse begleitet ihn ein Stück auf seiner Reise. Wie Spielzeuge sehen Autos und Häuser aus. Weisst du wohin er geflogen ist?“

Ist die Musik zu Ende, ist es wichtig, die Stille im Raum zu geniessen. Erst dann fordert die Gruppenleiterin die Kinder auf, mit ihren Gedanken wieder zurück in den Raum zu kommen, sich zu räkeln und zu strecken und langsam die Augen zu öffnen. Wer möchte, kann anschliessend ein Bild zur Geschichte malen.

Weiterführende Ideen

Petra Probst hat zur Geschichte „Vom Drachen, der zu den Indianern wollte“ von Otfried Preussler sehr poetische Bilder gestaltet (Thienemann Verlag 1996).

WIR FAHREN SKI

Ideenpaket 18: „Wir fahren Ski“

18

Einstimmung

1.	Pantomimisches Darstellen verschiedener Wintersportarten
2.	„Skilaufen“ auf Teppichresten oder Zeitungspapier
3.	„Schanzenspringen“ üben
4.	Skilift-Spiel

Offene Bewegungsformen mit Musik

1.	Fingerspiel direkt zur Musik
2.	Skilift- und Skifahrer-Spiel: Zu zweit zusammen gehen, ein Kind spielt den Skilift, das andere den Skifahrer

Festgelegte Bewegungsformen mit Musik

	A	B
1.	Paarweise zusammen gehen, der „Skilift“ zieht den Skifahrer auf einem festgelegten Raumweg	Der „Skifahrer“ fährt den Berg hinunter. Beim nächsten Durchgang Rollentausch

Weiterführende Ideen

1.	„Langlauflied“, von Gerda Bächli

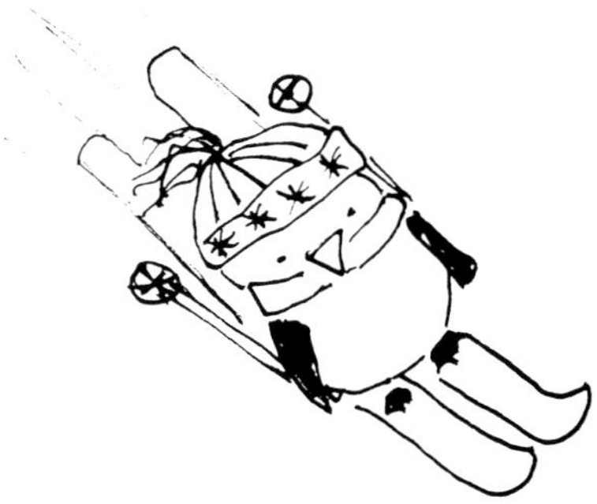

MIT TEPPICHFLIESEN-SKIERN
DURCH DEN „SCHNEE" FLITZEN

Erläuterungen zum Ideenpaket

In den meisten Ideenpaketen in diesem Buch sind die einzelnen Ideen unabhängig voneinander ausführbar. In diesem Kapitel sind sie zusammenhängend und Schritt für Schritt aufgebaut, um zu einer sehr komplexen Form hinzuführen.

▷▷ ▷▷ Einstimmung

1. **Pantomimisches Darstellen verschiedener Wintersportarten**

Die Kinder stehen in einem Kreis. Die Gruppenleiterin zeigt pantomimisch eine Wintersportart. Die Kinder erraten, was sie darstellt. Danach sind die Kinder dran. Jedes darf seine Idee zum Thema vorzeigen, und die anderen raten, was dargestellt wurde.

2. **„Skilaufen" auf Teppichresten oder Zeitungspapier**

Für dieses Spiel muss der Boden glatt sein. Je nach Beschaffenheit rutschen auch Papier und Teppichreste unterschiedlich gut. Bei alten Zeitungen muss man darauf achten, dass die Druckerschwärze nicht auf den Bodenbelag abfärbt. Die Kinder haben unter jedem Fuss ein Stückchen Teppichrest oder Papier. Das Bild „Skifahren“ reicht aus, dass die Kinder von sich aus typische Bewegungen von Abfahrtslauf und Langlauf imitieren. Hindernisse wie „Slalomstangen“ aus Stühlen oder Sandsäckchen, sowie Wettläufe erhöhen die Spielfreude.

3. **„Schanzenspringen“ üben**

Alle stehen in typischer Abfahrtshaltung im Kreis: Knie gebeugt, Oberkörper nach vorne geneigt, die imaginären Skistöcke eingeklemmt und mit etwas zittrigen Knien die 10-Meter-Schanze erwartend. Stimmlich wird der Anlauf und Verlauf des Sprunges begleitet. Die Gruppenleiterin sollte hier die Führung übernehmen und mehrere Sprünge anleiten, wobei kleine „Stürze“ dem Ganzen noch das i-Tüpfelchen aufsetzen.

4. **Skilift-Spiel**

Die Kinder gehen paarweise zusammen. Eines ist ein Skifahrer, das andere spielt den Skilift. Sitzt oder kniet der Skifahrer auf einem genügend grossen Teppichrest, kann ihn das Skiliftkind mit Hilfe eines Gymnastikreifens hochziehen. Der Skifahrer sitzt oder kniet dabei im Reifen und lehnt sich im Lendenbereich daran an. Die Hände halten sich leicht vor dem Körper seitlich am Reifen fest (s. Foto). Wichtig ist, dass sich das Kind im Skilift nach hinten lehnt. Dabei hilft ihnen die Vorstellung in einem Lehnstuhl zu sitzen. Das Skiliftkind muss tüchtig ziehen, um seinen Partner vom Fleck zu bekommen. Beide Kinder sollten beide Rollen üben.

Es handelt sich hier um sehr komplexe Bewegungsabläufe, die nicht immer beim ersten Ausprobieren klappen. Die Gruppenleiterin muss allerlei Hilfestellungen geben und die Position des Reifens oft kontrollieren. Es lohnt sich aber, diesen Ablauf zu üben, da die Kinder grosse Freude haben, wenn es dann gelingt.

SKILIFT-FAHREN KANN ANSTRENGEND SEIN

18

„Wir fahren Ski“

Melodie

A

B

Form

Vorspiel: 2 Takte

A	B	A	B	A	B	A	B
8 Takte	11 Takte	8 Takte	11 Takte	8 Takte	11 Takte	8 Takte	11 Takte

Offene Bewegungsformen mit Musik

1. **Fingerspiel direkt zur Musik**

Die Musik ist so komponiert, dass sie eine Geschichte erzählt. Deutlich kann man eine langsame Aufwärtsbewegung hören, die den Skilift darstellt. Die schnellen abwärts perlenden Tonfolgen im B-Teil beschreiben musikalisch die Skifahrt ins Tal, mit drei Sprungschanzen und einem scharfen Abbremsen vor der Talstation des Skilifts. Alle sitzen im Stuhlkreis. Den Ablauf der Musik zeigt die Gruppenleiterin den Kindern nur mit den Händen. Die beiden ausgestreckten Zeigefinger stellen ein Paar Skier dar. Die Kinder machen gleichzeitig mit.

A-Teil	B-Teil
Die Zeigefinger starten auf den Oberschenkeln und fahren langsam den Berg hoch. Entweder teilt man sich die Zeit so ein, dass die Finger wirklich in Zeitlupe „fahren", oder man steigt im Laufe der Skiliftmusik sogar auf den Stuhl, damit die Abfahrt um so länger wird.	Nun „wedeln" die Finger den Berg hinab und springen an den entsprechenden Stellen über die Sprungschanzen. Dabei „fliegen" die Finger auch ruhig einmal bis zum Nachbarn. Am Schluss wird stark abgebremst, um sich wieder neu beim Skilift einzureihen.

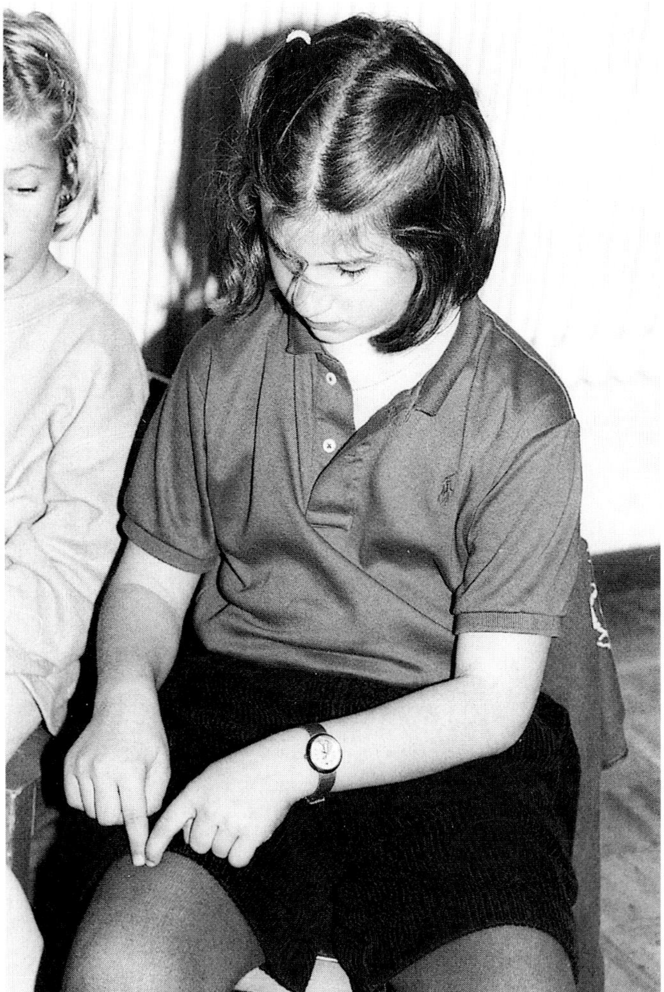

„WIR FAHREN SKI" ALS FINGERSPIEL

2. **Skilift-und-Skifahrer-Spiel**

Das in „Einstimmung 4“ geübte Skilift-Spiel ist Voraussetzung zum Gelingen dieser Spielform. Ein Kind kniet auf dem Teppichrest im Skilift, das andere steht vor seinem Partner bereit. Damit jedes Kind jede Rolle spielen kann, sind 2 Durchgänge nötig.

A-Teil	B-Teil
Das Skiliftkind zieht seinen Partner in selbstgewählten Raumwegen durch den Raum. Am Ende der Phase wird der Skilift langsamer und bleibt stehen.	Das Skifahrerkind verlässt den Skilift, der während des B-Teils am Ort stehenbleibt, fährt in selbstgewählten Raumwegen den „Berg hinunter“ und springt an den entsprechenden Stellen der Musik über die „Sprungschanzen“. Vor dem dritten Sprung fährt es so, dass es wieder bei seinem Skilift ankommt. Die Gruppenleiterin gibt frühzeitig die einzelnen Stationen an (“Achtung die erste Schanze!“).

Festgelegte Bewegungsformen

1. **„ Berg hinauf und Berg hinunter“**

Die Bewegungsabläufe sind hier die gleichen wie in „Offene Bewegungsformen mit Musik 2“. Es kommen die Festlegung des Raumweges des Skilifts und ein Rollentausch hinzu: Die Kinder knien in ihren Skiliften, die nun nur noch am Aussenrand des Raumes in einer Richtung und mit gleichem Abstand fahren dürfen. Die einzelnen Skilifte dürfen sich nicht überholen.

A-Teil	B-Teil
Die Kinder ziehen den Skilift während des ganzen A-Teils in folgendem Raumweg: 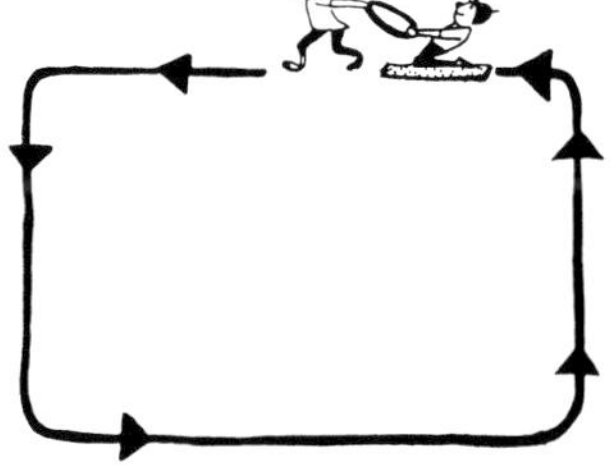	Das Kind, das bisher den Lift gezogen hat, nimmt sich während des B-Teils Zeit, sich richtig in den Skilift zu setzen. Die Kinder, die im A-Teil gezogen wurden, nützen nun mit Gleit- und Wedelbewegungen den Innenraum aus. Die Dauer des Sprunges kann durch eine gespannte Haltung auf Zehenspitzen umgesetzt werden. Am Schluss der Phase kehrt der Skifahrer zu seinem Skilift zurück. Allerdings sitzt hier schon der Partner im Lift. Das heisst, dass für den folgenden A-Teil ein Rollentausch vorbereitet ist.

OHNE SKILIFT
GEHT „NIX"!

Weiterführende Ideen

1. „Langlauflied" von Gerda Bächli

Gerda Bächli, „Zirkus Zottelbär", pan 107, Musikverlag Pan AG, Zürich, 1985.

Die typischen Skilanglauf-Bewegungen werden direkt zu diesem lebhaften Spiellied ausgeführt. Da sie recht anstrengend sind, kommt die Verschnaufpause bei Frau Müller gerade recht.

König Dickbauch und Prinzessin Federleicht

19

Ideenpaket 19a: „König Dickbauch und Prinzessin Federleicht“

Einstimmung

1.	Verschiedene Gangarten von Märchenfiguren ausprobieren
2.	Reaktionsspiel: bei Trommelspiel König Dickbauch, beim Spiel der Glöckchen Prinzessin Federleicht darstellen
3.	Musik hören

Offene Bewegungsformen mit Musik

1.	Spiel mit Luftballonen	
2.	Bewegungen des Königs und der Prinzessin ausprobieren	
3.	A König Dickbauch tanzt, die Prinzessin schaut zu.	B Die Prinzessin tanzt, König Dickbauch schaut zu.
4.	A Der König versteckt sich. Die Prinzessin hat die Augen geschlossen.	B Die Prinzessin öffnet die Augen und sucht den König.

Festgelegte Bewegungsformen mit Musik

1.	A Festgelegte Bewegungsfolge, die dem Charakter des Königs entspricht	B Festgelegte Bewegungsfolge, die dem Charakter der Prinzessin entspricht

Weiterführende Ideen

1.	Fest im Schloss mit dem „Tanz der Aufziehspielzeuge“ und dem „Kerzentanz“ 20 21

Erläuterungen zum Ideenpaket

Einstimmung

1. **Verschiedene Gangarten von Märchenfiguren ausprobieren**

Riesen, Zwerge, Feen, Hexen, Prinzessinnen, Könige und Trolle kommen in verschiedensten Märchen vor und beflügeln die Fantasie der Kinder. Zu lebhafter Musik oder Trommelbegleitung springen, laufen oder hüpfen die Kinder durch den ganzen Raum. Bei Musikstopp nennt die Gruppenleiterin eine Märchenfigur, die von den Kindern pantomimisch dargestellt wird. Besonders gelungene Umsetzungen der einzelnen Figuren werden gemeinsam angeschaut und nachgemacht.

2. **Reaktionsspiel mit Instrumenten**

„Es lebten einmal in einem fernen Schloss ein ganz dicker, aber sehr freundlicher König mit seiner Tochter. Er hiess König Dickbauch und seine Tochter Prinzessin Federleicht." Diese kurze Einführung reicht aus, um die Bewegungsfantasie der Kinder durch die beiden konträren Charaktere anzuregen. Jedes Kind versucht nun, seinen König Dickbauch und seine Prinzessin Federleicht darzustellen. Gemeinsam wird besprochen, welche Instrumente zu den beiden Märchenfiguren passen könnten. Erfahrungsgemäss entscheiden sich die Kinder gerne für eine große Trommel (König) und für Glöckchen oder Triangel (Prinzessin). Daraus entwickelt sich ein Reaktionsspiel. Schlägt die Gruppenleiterin die Trommel, stellen die Kinder den König dar, sind die Glöckchen zu hören, tanzt Prinzessin Federleicht. Erstaunlicherweise identifizieren sich die Jungen auch mit der Figur der Prinzessin. Falls doch Schwierigkeiten auftauchen, werden die Geschlechter der beiden Figuren einfach getauscht. Ein König Dickbauch und ein Prinz Federleicht stellen eine weitere Möglichkeit dar.

3. **Musik hören**

Nachdem die Kinder zwei, drei Durchgänge der Musik „König Dickbauch und Prinzessin Federleicht" gehört haben, deuten die Kinder im Sitzen zu den folgenden Strophen durch Mimik und Gestik an, welche Figur in der Musik erklingt. Besonders aufmerksamen Kindern fällt auf, dass im letzten Durchgang der Musik beide Charaktere miteinander verwoben sind. Die Kinder können selbst entscheiden, welche der beiden Figuren sie in der Schlussstrophe darstellen wollen.

19

„König Dickbauch und Prinzessin Federleicht“

Melodie

A

B

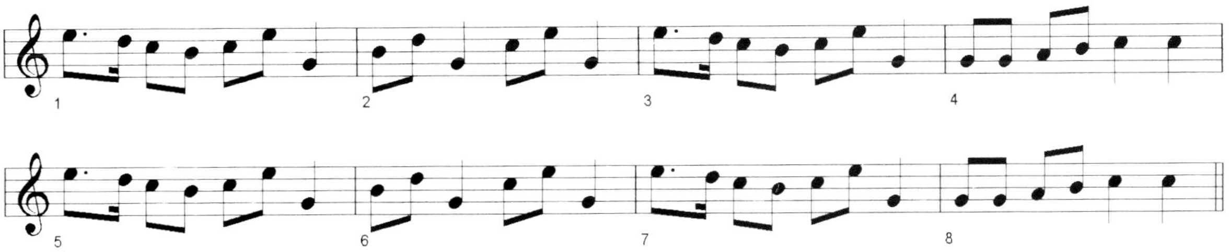

A & B

Form

Vorspiel : 1 Takt

A	B	A	B	A	B	A	B	AB
8 Takte	8 Takte	8 Takte	8 Takte	8 Takte	8 Takte	8 Takte	8 Takte	8 Takte

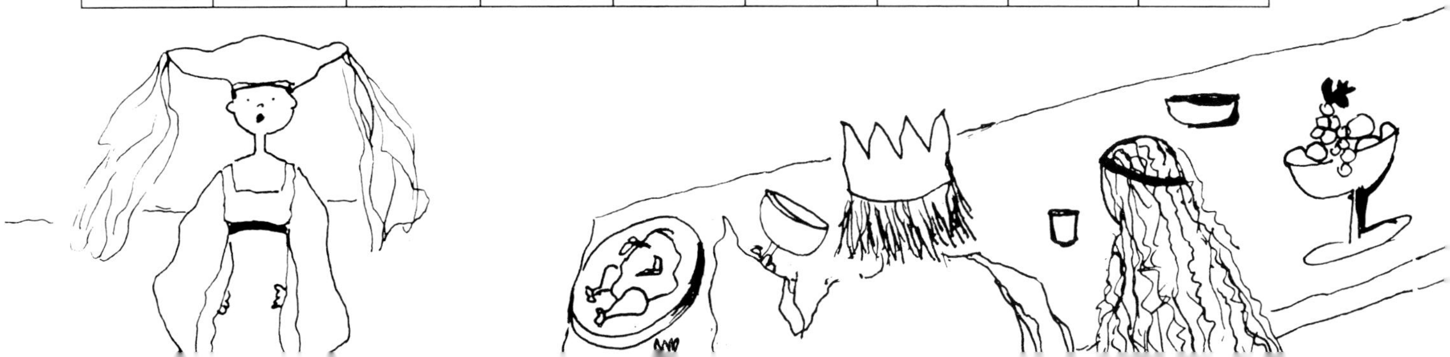

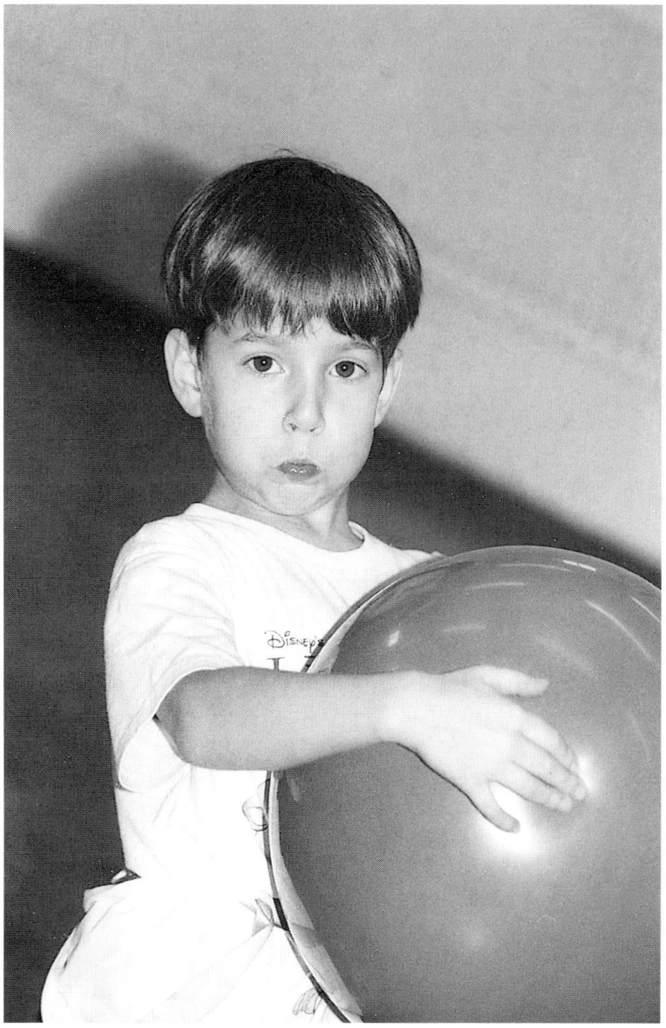

KÖNIG DICKBAUCH ... ... UND PRINZESSIN FEDERLEICHT

Offene Bewegungsformen mit Musik

1. Spiel mit Luftballonen

Mit Hilfe eines grossen Luftballons können die beiden Charaktere der Märchenfiguren auf ganz andere Weise dargestellt werden. Erklingt die Musik für den König, verwandelt sich der Ballon in den grossen Bauch des Königs, bei der leichten Musik wird er zum Spielball oder Krone der Prinzessin.

2. Bewegungen des Königs und der Prinzessin ausprobieren

Jedes Kind lässt sich von der Musik anregen und probiert für sich aus, welche Bewegungen der König und welche Bewegungen die Prinzessin machen kann. Die Musik ist so deutlich, dass die Kinder kaum Schwierigkeiten haben, diese gegensätzlichen Charaktere in Bewegung umzusetzen. In der Schlussstrophe können sie einen der beiden Charaktere auswählen.

Als Variation versuchen mehrere Kinder, gemeinsam **einen** König oder **eine** Prinzessin darzustellen.

3. **Die Kinder entscheiden sich für eine Rolle**

Alle Kinder stehen in einem grossen Kreis. Die Gruppenleiterin fragt die Kinder, welchen der beiden Charaktere sie bevorzugt darstellen wollen. Dabei ist es unwesentlich, wieviele Kinder sich für den einen oder den anderen entscheiden.

A-Teil	B-Teil
Erklingt der A-Teil der Musik, bewegen sich alle Kinder, die den König darstellen. Gegen Ende der Phase kehren sie zu ihrem Ausgangspunkt im Kreis zurück. Die andern Kindern schauen ihnen zu.	Zum B-Teil der Musik stellen die anderen Kinder die Prinzessin Federleicht dar und nehmen zum Schluss wieder ihren Platz im Kreis ein. Die Kinder, die im A-Teil den König dargestellt haben, schauen ihnen dabei zu.

Zur Schlussstrophe tanzen alle gemeinsam, aber jedes entsprechend seiner Rolle.

4. **Versteckspiel im Schloss**

Die Gruppenleiterin hat vor der Stunde Memory-Kärtchen im Raum versteckt. Ist die Gruppengrösse eine ungerade Zahl, muss sie selbst bei den folgenden Spielen mitmachen. Die Kinder dürfen nun solange suchen, bis sie **ein** Kärtchen gefunden haben. Wenn alle Kinder ein Kärtchen haben, müssen sie sich auf die Suche nach dem dazu passenden Partner machen. Die Kinder finden sich auf diese Weise zu Paaren. Die Paare machen untereinander aus, wer den König und wer die Prinzessin spielt.

A-Teil	B-Teil
Die Prinzessin steht an einem bestimmten Platz und hält sich die Hände vor die Augen. Zum A-Teil der Musik darf sich der König irgendwo im Raum verstecken.	Die Prinzessin öffnet die Augen und sucht den König. Hat sie ihn vor Ende des B-Teils gefunden, nutzen die beiden die Zeit aus, gemeinsam zum Ausgangspunkt der Prinzessin zurückzutanzen. Das Spiel beginnt von vorne.

Zur Schlusstrophe halten sich der König und die Prinzessin an den Händen und tanzen miteinander. Ein zweiter Durchgang mit Rollentausch ist sehr wichtig, da sich natürlich jedes Kind einmal verstecken möchte und jedes Kind auch einmal suchen will.

PRINZESSIN FEDERLEICHT
IM B-TEIL, TAKT 3

UND IM B-TEIL, TAKT 4

Festgelegte Bewegungsformen

1. **Ein Fest im Schloss**

Im Schloss des Königs Dickbauch und der Prinzessin Federleicht findet ein grosses Fest statt. Zu diesem Anlass haben sich die beiden einen Tanz ausgedacht, der nun von der ganzen Festgesellschaft gemeinsam im durchgefassten Kreis getanzt wird.

A-Teil	B-Teil
Takt 1: 2 langsame Schritte vorwärts, in Tanzrichtung auf der Kreisbahn, mit dem rechten Fuss beginnend **Takt 2:** 2 langsame Schritte rückwärts, rechts beginnend, die Körperfront bleibt in Tanzrichtung **Takt 3:** 4 schnelle Schritte vorwärts in Tanzrichtung, rechts beginnend **Takt 4:** zur Kreismitte drehen und einmal mit dem rechten und einmal mit dem linken Fuss aufstampfen **Takt 5-8**: Wiederholung von Takt 1-4	**Takt1:** Körperfront zeigt zur Kreismitte, die Arme sind auf Schulterhöhe leicht gehoben. Mit dem rechten Fuss einen Seitschritt nach rechts gehen, linker Fuss tippt danach mit der Fussspitze neben der rechten Fussspitze auf. Wiederholung nach links **Takt 2:** wie Takt 1 **Takt 3:** Mit vier Schritten einen ganzen Kreis rechtsherum um die eigene Achse drehen, dabei die Handfassung lösen. **Takt 4:** Die Körperfront zeigt wieder zur Kreismitte, die beiden Hände wirbeln 2 Zählzeiten lang umeinander (s. Foto S.134 unten), gefolgt von 2 mal in die Hände klatschen (2 Zählzeiten). **Takt 5-8:** Wiederholung von Takt 1-4

Schlussstrophe: Beide Charaktere sind miteinander verwoben, deshalb sind Schritte des A-Teils und des B-Teils miteinander kombiniert:

Takt 1 und 2: wie Takt 1 und 2 des A-Teils

Takt 3 und 4: wie Takt 3 und 4 des B-Teils

Takt 5-8: Wiederholung von Takt 1-4

Weiterführende Ideen

1. Fest im Schloss mit dem „Tanz der Aufziehspielzeuge“ und dem „Kerzentanz“

Das Spielgeschehen „Fest im Schloss“ („Festgelegte Bewegungsformen mit Musik 1“) ist so anregend, dass die Kinder gerne bereit sind, die Geschichte weiterzuspinnen und ein kleines Theaterstück zu entwickeln. Zu Beginn des Festes werden die Gäste formvollendet begrüsst und mit leckeren Speisen, Getränken und Süssigkeiten bewirtet. Der königliche Uhrmacher zeigt seine neuesten Spieluhren („Tanz der Aufziehspielzeuge“, Kapitel 20, Seite 146). Als feierlicher Höhepunkt wird der Kerzentanz (Kapitel 21, Seite 158) aufgeführt.

DIESE 3 GUMMIBÄRCHEN HABEN KEINE ANGST VOR DEM MONSTER!

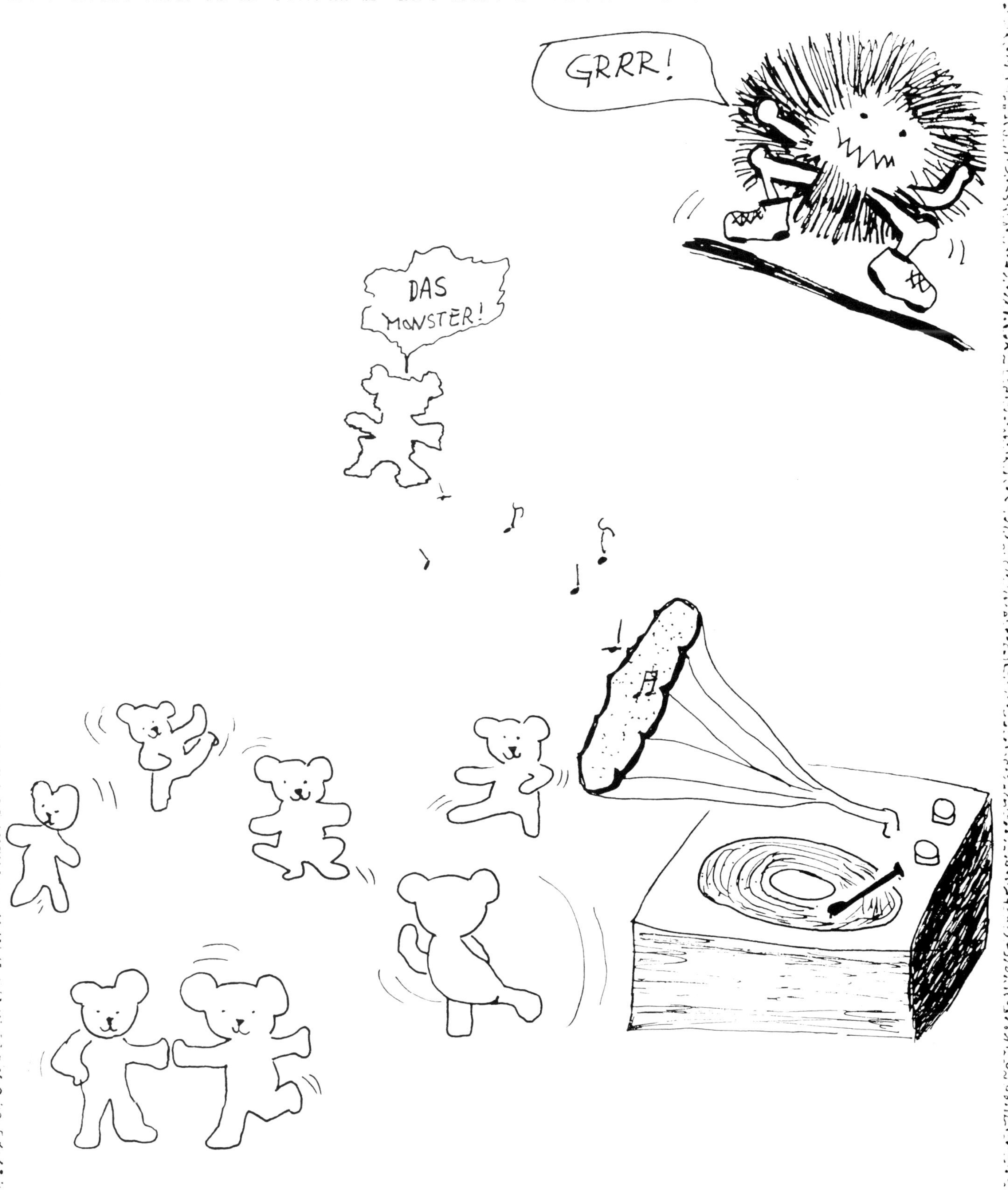

MONSTER UND GUMMIBÄRCHEN

19

Monster und Gummibärchen

Beim Ausprobieren der Spielideen zur Musik „König Dickbauch und Prinzessin Federleicht“ ist in einer Klasse die Geschichte von den Monstern und den Gummibärchen entstanden, als spontane Umsetzung eines kürzlich gesehenen Zeichentrickfilms. Die Kinder hatten so viel Freude daran, dass diese Geschichte hier nicht fehlen soll. Allerdings muss die Gruppenleiterin je nach Gruppe entscheiden, welches Thema - entweder „König Dickbauch und Prinzessin Federleicht „ oder „Monster und Gummibärchen“ - angemessen ist. Beide Geschichten zur gleichen Musik verwirren die Kinder. Beim „Monster und Gummibärchen-Spiel“ haben wir bewusst keine festgelegten Bewegungsformen entwickelt, da das spontane Umsetzen und Darstellen hier im Vordergrund steht und die lustbetonte Spielsituation durch kompliziertes Schrittmaterial eingeschränkt würde.

Melodie und Form:

Entspricht der Melodie und Form von „König Dickbauch und Prinzessin Federleicht“

Ideenpaket 19b: „Monster und Gummibärchen“

Einstimmung

1.	Sprungfedernspiel, Lieblingsspiel der Gummibärchen
2.	Instrumente für Monster und Gummibärchen suchen / Reaktionsspiel

Offene Bewegungsformen mit Musik

1.	A Die Gummibärchen sind versteckt, die Monster stampfen umher.	B Die Monster ziehen sich zurück, die Gummibärchen hüpfen umher.
2.	Gummibärchen-und-Monster-Spiel mit Versteinern	

Erläuterungen zum Ideenpaket

Einstimmung

1. **Sprungfedernspiel, Lieblingsspiel der Gummibärchen**

Alle Kinder sind Sprungfedern, die mit beiden Beinen gleichzeitig kreuz und quer durch den Raum federn. Jedes Kind darf die andern Kinder antippen: Wird man selbst angetippt, muss man danach stehenbleiben. Wird man erneut, auch von anderen oder den gleichen Kindern angetippt, darf man weiterspringen.

Eine poppig-freche Musik dazu ist sehr wichtig, damit die Kinder dieses Spiel auch etwas länger durchhalten. Sie muss das Vom-Boden-weg-Springen unterstützen, wie z.B. die Musik "...verreisen mit dem Flugzeug" 10

2. **Instrumente für Monster und Gummibärchen suchen / Reaktionsspiel**

Eine Auswahl von verschiedensten Instrumenten liegt bereit. Gemeinsam wird besprochen, welches Instrument zu den Gummibärchen, diese kleinen fröhlich-hüpfenden Gesellen, und welches Instrument zu den Monstern passt. Dabei kommt es nicht nur auf den Charakter des Instrumentes an, sondern auch auf die Spielart. Wurde die Auswahl getroffen, kann die Gruppenleiterin oder ein Kind die Instrumente spielen. Die Kinder reagieren darauf, je nach erklingendem Instrument mit der spontanen Darstellung der entsprechenden Spielfigur.

DIE GRUSELMONSTER

Offene Bewegungsformen mit Musik

1. „Gummibärchen-und-Monster-Spiel“

Bevor das Spiel zur Musik ausgeführt wird, erzählt die Gruppenleiterin folgende Geschichte: *„Auf der einen Seite des Waldes leben Monster, auf der anderen Seite Gummibärchen. Auf der Lichtung, die dazwischen liegt, dürfen nur die herumtollen, deren Musik gerade spielt. Manchmal passiert es, dass beide Musiken zu hören sind und beide Gruppen miteinander herumtollen dürfen.“*

Die Gruppenleiterin bestimmt, welche Seite des Raumes die Monsterseite und welche die Gummibärenseite ist. Die Kinder entscheiden sich, ob sie lieber Monster oder Gummibärchen spielen möchten und suchen sich am Rande des Raumes ein Versteck.

A-Teil	B-Teil
Monstermusik: Die Monster dürfen nur mit breitbeinigen, riesigen, gefährlich aussehenden Bewegungen herumstapfen.	**Gummibärchenmusik:** Die Gummibärchen springen leichtfüssig mit beiden Beinen gleichzeitig kreuz und quer durch den Raum.

Zur Schlussstrophe tanzen beide Gruppen gemeinsam.

2. Gummibärchen-und-Monster-Spiel mit Versteinern

Mit Tesakrepp o.ä. wird auf jeder Seite des Raumes ein Platz für die Monster und ein Platz für die Gummibärchen markiert. Die Kinder müssen nun während des Bewegens zu ihrer jeweiligen Musik besonders aufmerksam zuhören. Sind sie nicht rechtzeitig zum Ende ihrer Musik zu Hause, werden sie versteinert und können von den gegnerischen Darstellern im laufenden nächsten Musikteil berührt werden. In diesem Moment verwandeln sie sich und gehören der andern Gruppe an. Bei der letzten Strophe dürfen sie wieder ihre ursprüngliche Gestalt annehmen, und beide Gruppen bewegen sich gemeinsam.

IM SPIELZEUGLADEN

Ideenpaket 20: „Im Spielzeugladen“

20

Einstimmung

1.	Gespräch: „Wer war schon einmal im Spielzeugladen?“
2.	Aufziehspielzeuge zeigen
3.	Musikhören
4.	Mitgebrachte Aufziehspielzeuge in Bewegung umsetzen
5.	Pantomimisches Ratespiel
6.	Geschichte vorlesen: „Das kleine Gespenst im Spielzeugladen“

Offene Bewegungsformen mit Musik

	A	B
1.	Ein Körperteil wird als Schlüssel gedreht.	Die Spielzeuge bewegen sich.
2.	Der eine Partner zieht auf, indem er ein beliebiges Körperteil dreht.	Der andere bewegt sich als Spielzeug, sein Partner imitiert die Bewegung.

Festgelegte Bewegungsformen mit Musik

	A	B
1.	Ein Kind im Spielzeugladen zieht pro Strophe unterschiedliche Spielzeuge auf.	Pro Strophe bewegt sich eine Aufziehspielzeug-Sorte mit passendem Instrument.

Weiterführende Ideen

1.	Geschichte vom kleinen Gespenst als Klanggeschichte gestalten
2.	Lied: „Endlich kann ich wieder scheppern“ („Ou, jetzt chani wider lachä“)
3.	Geschichte vom kleinen Gespenst szenisch-musikalisch gestalten
4.	Figuren einer Spieldose darstellen

Erläuterungen zum Ideenpaket

Einstimmung

1. **Gespräch: „Wer war schon einmal im Spielzeugladen?"**

Spielzeugläden sind für Kinder der Inbegriff einer fantastischen, wunderbaren Welt, in der alle Wünsche erfüllbar scheinen. Gerne erzählen die Kinder, was sie alles bei einem Besuch im Spielzeugladen gesehen und erlebt haben. Über Aufziehfigürchen gibt es Spannendes zu berichten: „Ich habe einen Trommelbär aus Blech zu Hause!" oder „Es gibt sogar Känguruhs, die einen Salto machen, wenn man sie aufzieht!" Gemeinsam wird besprochen, was man mit diesen Spielzeugen alles machen kann.

2. **Aufziehspielzeuge zeigen**

Eine kleine Auswahl mitgebrachter Aufziehspielzeuge ist der direkteste Weg, die Fantasie der Kinder anzuregen. Früher waren viele Spielzeuge aus Blech und wurden mit einem besonderen Schlüssel aufgezogen, heute gibt es eine Fülle von Blech- und Plastikfiguren, von knallig-kitschig bis komisch-witzig. Geeignet sind alle, deren Bewegungen von den Kindern aufgenommen und imitiert werden können.

3. **Musik hören**

Die beiden Teile des Musikstücks sind so extrem unterschiedlich, dass man die Kinder raten lassen kann, was die Musik darstellen möchte. Um das Wechseln der beiden Teile zu vertiefen, stellt sich die Gruppenleiterin vor die Kinder: In der einen Hand hält sie einen grossen Pappschlüssel oder ein anderes Symbol für das Aufziehen (= Teil A), in der anderen ein Spielzeug stellvertretend für Teil B. Erklingt die jeweilige Musik, zeigen die Kinder auf das entsprechende Symbol.

4. **Mitgebrachte Aufziehspielzeuge in Bewegung umsetzen**

Die Kinder schauen sich ein mitgebrachtes Spielzeug - ohne es aufzuziehen - genau an und überlegen gemeinsam, wie es sich bewegen könnte. Sie stellen ihre Ideen durch eigene Bewegungen dar. Dann erst wird es aufgezogen und das Geheimnis gelüftet.

5. **Pantomimisches Ratespiel**

Jedes Kind denkt sich ein eigenes Spielzeug aus und zeigt es den anderen in der Bewegung vor. Die Zuschauer sollen nun raten, welches Spielzeug dies sein könnte. Variation: Das Kind begleitet sich selbst mit einem dazu passenden Instrument oder mit der Stimme.

6. **Geschichte vorlesen: „Das kleine Gespenst im Spielzeugladen“**

Diese Geschichte gibt einen fantasievollen Rahmen für das ganze Thema:

Es ist Nacht im Spielzeugladen. Alles ist ruhig. Die Kirchturmuhr schlägt zwölf. Ein kleines Gespenst schwebt vorsichtig durch den Laden. Vor dem Regal mit den Figürchen zum Aufziehen hält es an. Zuerst zieht es eine bunte Blechente auf, stellt sie auf den Fussboden und lässt sie herumwatscheln. Neben einem Trommelbär steht ein kleines rotes Feuerwehrauto. Das Gespenst dreht den Schlüssel dreimal herum und lässt es mit einem frechen Tatütata immer im Kreis fahren.

Endlich entdeckt es sein Lieblingsspielzeug. Erleichtert atmet das kleine Gespenst auf. Das Äffchen mit den beiden Tschinellen ist noch nicht verkauft worden. Vorsichtig wird es aufgezogen und wackelt dann mit scheppernden Cymbeln durch den Spielzeugladen, bis es langsamer wird und stehenbleibt. Das kleine Gespenst will das Äffchen ein zweites Mal aufziehen, doch plötzlich klemmt der Schlüssel, und es knackt ganz fürchterlich. Noch zweimal schlagen die Tschinellen aneinander - dann ist Schluss, nichts rührt sich mehr. Da muss das kleine Gespenst ganz schrecklich weinen. „Das Äffchen ist kaputt, ojemine, ojemine, was mach’ ich denn jetzt bloss?“, denkt es ganz verzweifelt.

Vorsichtig nimmt es das Äffchen und schwebt zu seinem grossen Bruder. Der rüttelt und schüttelt es, betrachtet es von allen Seiten, weiss aber auch nicht, warum das Spielzeug nicht mehr funktioniert. Gespenstermutter und Gespenstervater wissen auch keinen Rat. „Jetzt kann nur noch Grossmama helfen!“, ruft es und fliegt mit dem Äffchen zu seiner Grossmutter. Diese betrachtet den Schaden und sagt schliesslich: „Da ist nur ein kleines Rädchen zerbrochen, irgendwo in meiner Kommode mit den vier Schubladen hab ich noch so eins, das weiss ich genau!“

Die Gespensterfamilie begibt sich zu Grossmutters Kommode. Grossmutter hat darin alles aufgehoben, was sich zum Gespenstern eignet: eine Fahrradklingel, eine Schachtel voller Nägel, Topfdeckel, alte Schlüssel und Flaschen. Eine Schublade nach der andern wird durchwühlt. Endlich, in der vierten und letzten Schublade findet das kleine Gespenst ein feines, silbernes Rädchen. Vorsichtig baut es die Grossmutter dem Äffchen wieder ein. Gespannt schauen ihr alle beim Aufziehen zu und tatsächlich - wieder ist das zarte Klappern und Klingen der Tschinellen zu hören.

Nun wird es aber höchste Zeit, dass das kleine Gespenst das Äffchen in den Laden zurückbringt, denn kaum steht es an seinem Platz im Regal, schlägt die Kirchturmglocke ein Uhr.

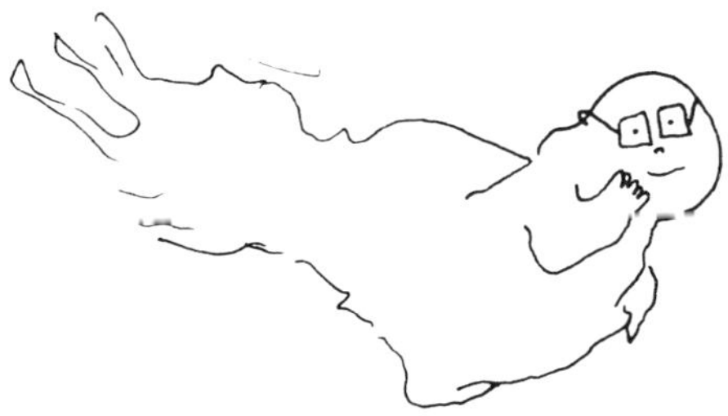

20

„Im Spielzeugladen“

Melodie

A

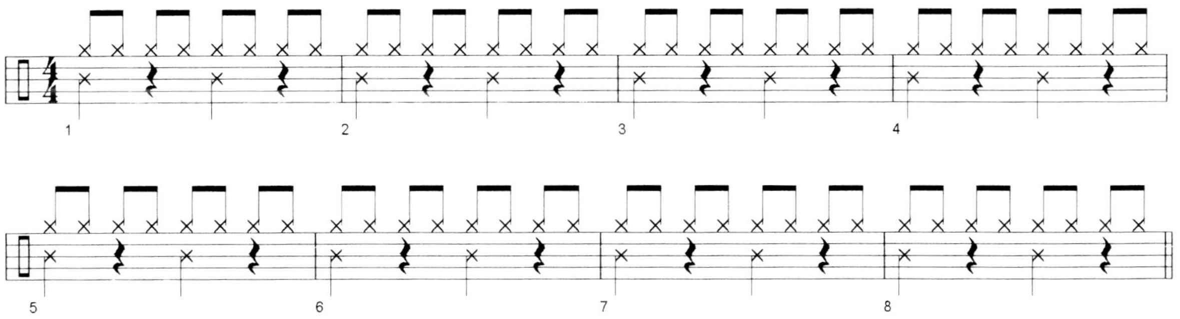

B

Form

Vorspiel: 1 Takt

A	B	A	B	A	B	A	B	A	B	A	B
8Takte	8Takte	8Takte	8Takte	8Takte	8Takte	8Takte	8Takte	8Takte	8Takte	8Takte	8Takte

Offene Bewegungsformen mit Musik

1. **Aufziehspielzeug-Tanz**

Alle Kinder stehen verteilt im Raum, jedes stellt sich ein Spielzeug vor, das es gerne darstellen möchte.

A-Teil	B-Teil
Jeder ist ein Aufziehspielzeug. Ein beliebiger Körperteil, z.B. ein Arm, ein Daumen, dient als Schlüssel und dreht sich zur Musik, d.h. die Kinder werden von einer unsichtbaren Person, vielleicht von dem kleinen Gespenst, aufgezogen. Die Gruppenleiterin nennt gegen Ende der Phase eine bestimmte Bewegung z.B. gehen, laufen oder hüpfen.	Die Kinder bewegen sich entsprechend der Vorgabe kreuz und quer im Raum.

2. **Aufziehspielzeug-Tanz mit Partner**

Die Kinder gehen paarweise zusammen. Eines entscheidet sich für die Rolle des Spielzeugs, das andere ist das Aufziehkind.

A-Teil	B-Teil
Das „Spielzeug“ wird aufgezogen, indem ein beliebiger Körperteil vorsichtig gedreht wird.	Das „Spielzeug“ bewegt sich wie es möchte, der Partner imitiert diese Bewegung und folgt dem andern. Bei der nächsten Strophe werden die Rollen getauscht.

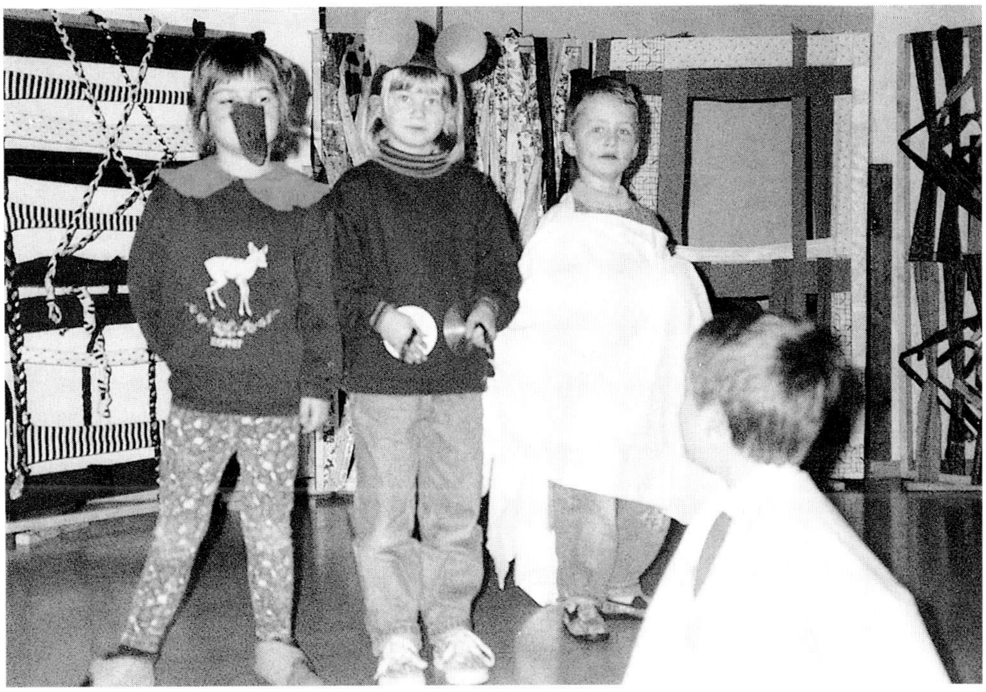

AUFZIEHSPIELZEUG UND GESPENSTER

Festgelegte Bewegungsformen

1. **Im Spielzeugladen**

Ein Kind kommt in einen Spielzeugladen und probiert 6 verschiedene Aufziehspielzeuge aus: eine Ente, ein Feuerwehrauto, ein Känguruh, ein Roboter, eine Ballerina und ein Äffchen.

Die unterschiedlichen Fortbewegungen werden zuerst geübt. Je nach Grösse der Gruppe können die 6 verschiedenen Rollen doppelt oder dreifach besetzt werden. Das Kind ist der „Aufzieher“ mit einem grossen Pappschlüssel und zieht pro Strophe

DAS KLEINE ÄFFCHEN

immer nur eine Spielzeugsorte auf. Im B-Teil bewegen sich die „Spielzeugkinder“. Da die echten Spielzeuge oft spezifische Eigengeräusche haben oder mit einem Instrument ausgestattet sind, wurde diese Eigenart für diesen Tanz übernommen.

A-Teil	B-Teil
1. Strophe: Das Kind zieht das Entchen auf.	**1. Strophe:** Das Entchen watschelt in gebückter Haltung durch den Raum und spielt auf seinen Klanghölzern.
2. Strophe: Das Kind zieht das Feuerwehrauto auf.	**2. Strophe:** Das Feuerwehrauto saust in wilden Kurven durch den Raum. Ein imaginäres Steuerrad wird entsprechend bewegt und ein lautes Tatütata mit der Stimme imitiert.
3. Strophe: Das Kind zieht das Känguruh auf.	**3. Strophe:** Das Känguruh hopst beidbeinig mit grossen Sprüngen durch den Raum und begleitet sich selbst auf einem Flexaton od. einer kleinen Handtrommel.
4. Strophe: Das Kind zieht den Roboter auf.	**4. Strophe:** Der Roboter stakst mit eckigen, steifen Bewegungen durch den Raum. Er hält sich einen grossen Yoghurtbecher vor den Mund und erzeugt mit der Stimme Robotergeräusche („...miep, miep, miep“).
5. Strophe: Das Kind zieht die Ballerina auf.	**5. Strophe:** Die Ballerina tippelt auf den Zehenspitzen mit vielen Drehungen umher. Dabei erklingen feine Glöckchen, die sie um die Hand- oder Fussgelenke trägt.
6. Strophe: Das Kind zieht das Äffchen auf.	**6. Strophe:** Das Äffchen eilt in schnellem Tempo kreuz und quer durch den Raum. Dazu schlägt es zwei Fingercymbeln im gleichen Tempo aneinander.

Diese Tanzform kann auch in die Geschichte „Das kleine Gespenst im Spielzeugladen“ integriert werden. Hier können die einzelnen Darsteller mit kleinen Requisiten ausgestattet werden (s. „Weiterführende Ideen 3“).

Weiterführende Ideen

1. Geschichte vom kleinen Gespenst als Klanggeschichte gestalten

Nachdem die Kinder die Geschichte kennengelernt haben (s. „Einstimmung 6“), kann gemeinsam besprochen werden, welches Instrument zu welcher Figur oder Aktion passt. Die folgenden beispielhaften Vorschläge können je nach eigenem Empfinden und vorhandenem Instrumentarium abgeändert und weitergeführt werden.

Geschichte	Klanggestaltung
Es ist Nacht im Spielzeugladen. Alles ist ruhig. Die Kirchturmuhr schlägt zwölf.	12 Schläge auf ein langklingendes Instrument wie Becken, Cymbeln, Triangel
Ein kleines Gespenst schwebt vorsichtig durch den Laden...	Fluggeräusche: leises Glissando auf Glockenspiel, Wischen auf Handtrommel
... Zuerst zieht es eine bunte Blechente auf, stellt sie auf den Fussboden..	Aufziehgeräusch mit Ratsche, Reco Reco o.ä.
...und lässt sie herumwatscheln.	Klanghölzchen
... Das Gespenst dreht denSchlüssel dreimal herum und lässt es mit einem	Aufziehgeräusch mit Ratsche o.ä.
frechen „Tatütata“ immer im Kreis fahren...	„Tatütata“ auf Lotosflöte imitieren. Alternativ dazu Quart auf Blockflöte oder Stabspiel (z.B. a-d)
...Vorsichtig wird es (das Äffchen) aufgezogen	Aufziehgeräusch
und wackelt dann mit scheppernden Cymbeln	Fingercymbeln, Schellenstab oder Schellentrommel
...Das kleine Gespenst will es ein zweites Mal aufziehen, doch plötzlich klemmt der Schlüssel....	Aufziehgeräusche mit „Steckenbleiben“
...Noch zweimal schlagen die Tschinellen ...	Fingercymbeln
....schrecklich weinen. „Das Äffchen ist kaputt, ...	Weinen mit Stimme
Vorsichtig nimmt es das Äffchen und fliegt zu	Fluggeräusche, s.o.
...Der rüttelt und schüttelt es, betrachtet es	Schellentrommel oder Rasseln schütteln
...Gespenstermutter und Gespenstervater wissen auch keinen Rat...	Mit Stimme
*....schwebt zu seiner Grossmutter....*usw.	Fluggeräusche s.o.

DIE LOTOSFLÖTE MACHT TOLLE GESPENSTERMUSIK

2. **Lied: „Endlich kann ich wieder scheppern“ („Ou, jetzt chani wider lachä“)**

Musik: Bernhard Hering, Martin Wester
Text: Ulrike Meyerholz, Susi Reichle-Ernst

Die Melodie kennen die Kinder schon vom Tanz der Aufziehspielzeuge. Der Text dazu greift den Inhalt der Geschichte auf, ist aber neutral genug, um an verschiedensten Stellen der Geschichte eingesetzt zu werden. Die Kinder können auch selbst Strophen dazu erfinden. Die Begleitung kann von Stabspielen übernommen werden. Auch eine umgestimmte Gitarre kann mitspielen (E auf C, A auf G, D auf C, H auf C und E auf C stimmen).

3. Geschichte vom kleinen Gespenst szenisch-musikalisch gestalten

Alle Elemente aus den bisherigen Aufgaben können mit den dargestellten Rollen aus der Geschichte zu einer szenisch-musikalischen Einheit verknüpft werden. Die einzelnen Rollen werden mit den Kindern durchgesprochen, ihre Darstellungsmöglichkeiten geübt, einfachste Requisiten zusammengesucht und miteinbezogen. Erst wenn eine kleine Vorführung angestrebt wird, müssen sich die Kinder für eine Rolle entscheiden. Da die Geschichte viele attraktive Rollen anbietet, entstehen relativ wenig Konflikte bei der Rollenverteilung. In der Geschichte können ohne weiteres zusätzliche Aufziehfigürchen vorkommen, die vom kleinen Gespenst aufgezogen werden. Kinder, die keine Rolle spielen wollen, können beim Orchester mitmachen.

Vorschläge für die verschiedenen Rollen:

Die Gespensterfamilie	weisse Chiffontücher oder andere transparente Stoffe über dem Kopf
Spielzeug-Äffchen	braunes Band als Schwanz, Haarreif mit braunen Tonpapierohren, zwei Fingercymbeln als Tschinellen
Entchen	gelbes Tuch, gelber Schnabel aus Tonpapier
Feuerwehr	Reifen als Steuerrad, rote Tücher umgehängt

4. Figuren einer Spieldose darstellen

Angeregt durch das Thema „Aufziehspielzeuge" wird gemeinsam überlegt, wie eine Spieldose mit sich drehenden Figuren dargestellt werden kann. Zu diesem Spiel passen die Klänge einer mitgebrachten Spieldose oder die Musik 22 am besten.

KERZENTANZ

Ideenpaket 21: „Kerzentanz“

21

Einstimmung

1.	Kerze weitergeben
2.	Reaktionsspiel: Kerze durch den Raum tragen, bei Glissando auf den Boden stellen
3.	Verschiedene Bewegungen um die am Boden stehende Kerze ausprobieren
4.	Musik hören und die vorher kennengelernten Bewegungen zuordnen

Offene Bewegungsformen mit Musik

1.	A	B
	Kerze kreuz und quer durch den Raum tragen	Um die eigene abgestellte Kerze gehen, hüpfen, springen

Festgelegte Bewegungsformen mit Musik

1.	A	B
	Festgelegte Schrittfolge und Raumwege mit Kerze in der Hand. Bei Glissando Kerzen in einen Kreis stellen	Um den Kerzenkreis herumlaufen, gegen Ende des B-Teils bei der eigene Kerze wieder ankommen

Weiterführende Ideen

1.	Bilderbuchgeschichte: „Sarah und die Engelweihnacht“ darstellen
2.	Bewegungstechnik: Schwingendes Gehen im 6/8 Takt

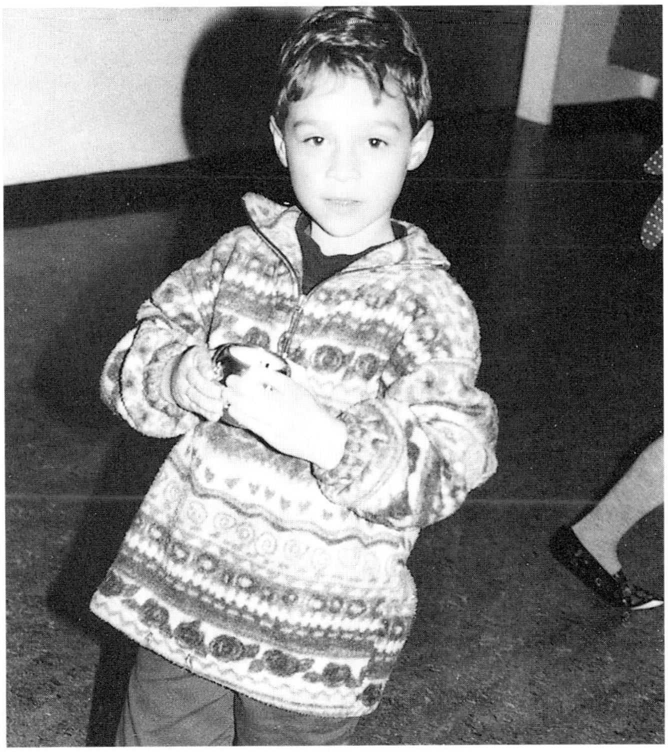

Erläuterungen zum Ideenpaket

Die Weihnachtszeit ist ohne Kerzen nicht vorstellbar, sie gehören einfach dazu. Den Umgang mit diesem nicht ganz ungefährlichen Material müssen die Kinder allerdings ganz behutsam und bewusst lernen. Nicht nur das Hantieren mit Streichhölzern und die Flamme an sich sind gefährlich, auch das flüssige Wachs ist sehr heiss. Wird die Flamme schnell bewegt, verlöscht sie rasch.

Wenn die Kinder die folgenden Spielideen und den Kerzentanz durchführen, müssen sich die Kerzen unbedingt in einem Gefäss befinden, das bequem mit beiden Händen zu tragen ist. Gut geeignet sind Teelichter in kleinen Marmeladengläsern, die aussen mit buntem Transparentpapier beklebt sind oder preisgünstige Windlichter aus dem Kaufhaus. Da die kleinen Kerzen und die Teelichter nicht einfach anzuzünden sind, ist es besser, wenn dies die Gruppenleiterin macht.

Einstimmung

1. **Kerze weitergeben**

Die Kinder sitzen auf dem Boden oder im Stuhlkreis. In der Mitte steht eine angezündete Kerze im Windlicht. Die Gruppenleiterin schlägt fein auf ein Triangel und nennt ein Kind, das sich die Kerze holen darf. Die Gruppenleiterin schlägt erneut auf den Triangel und nennt den Namen eines anderen Kindes. Das Kind mit der Kerze trägt diese nun sorgfältig zu dem eben genannten Kind.
Dieses Spiel geht solange weiter, bis alle Kinder dran waren. Das letzte Kind stellt die Kerze wieder in der Mitte ab.

2. **Reaktionsspiel**

Jedes Kind bekommt eine brennende Kerze im Windlicht. So leise wie möglich und mit ruhigen Bewegungen tragen die Kinder die Kerzen spazieren. Wenn die Gruppenleiterin ein Glissando auf einem Glockenspiel, Metallophon o.ä. spielt, stellen die Kinder die Kerzen vorsichtig auf den Boden und bleiben wie verzaubert stehen. Erst wenn erneut ein Glissando erklingt, heben die Kinder die Kerzen wieder auf und gehen weiter.

3. **Verschiedene Bewegungen um die am Boden stehende Kerze ausprobieren**

Die brennenden Kerzen im Windlicht stehen entweder gleichmässig im Raum verteilt oder in einem grosszügigen Kreis auf dem Boden. Bei jeder Kerze steht ein Kind. Die Kinder sollen sich so um die eigene Kerze bewegen, dass sie möglichst nicht erlischt. Die Gruppenleiterin muss zwar so des öfteren Kerzen wieder anzünden, aber es ist wichtig, dass die Kinder diese Grenzerfahrungen machen. „Einstimmung 2 und 3“ können auch miteinander verbunden werden, ein zweites Instrument, z.B. eine weich gespielte Trommel, gibt das Signal für die Bewegungen um die Kerzen.

4. **Musik hören**

Die Kinder hören in einer entspannten Haltung die Kerzentanz-Musik. In einem anschliessenden Gespräch wird gemeinsam herausgefunden, wann die Bewegungen, die sie in „Einstimmung 2 und 3“ kennengelernt haben, auf die Musik passen. Zu einem weiteren Durchgang können die Hände pantomimisch andeuten, was in der Musik passiert.

21

„Kerzentanz“

Melodie

A

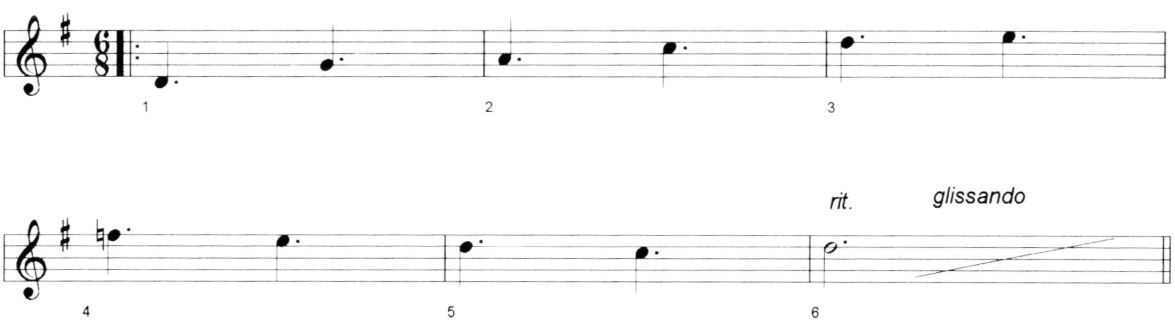

B

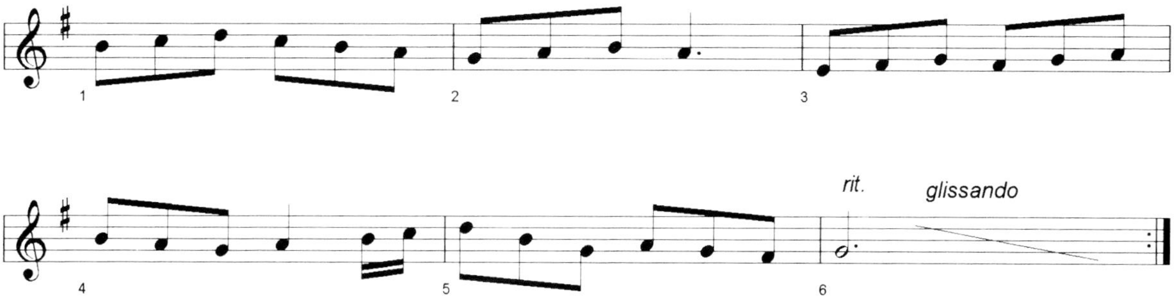

Form

Vorspiel: 2 Takte

A	B	A	B	A	B	A	B
6 Takte im 6. Takt glissando, ritardando	6 Takte im 6. Takt glissando, ritardando	6 Takte im 6. Takt glissando, ritardando	6 Takte im 6. Takt glissando, ritardando	6 Takte im 6. Takt glissando, ritardando	6 Takte im 6. Takt glissando, ritardando	6 Takte im 6. Takt glissando, ritardando	6 Takte im 6. Takt glissando, ritardando

Offene Bewegungsformen mit Musik

1. **Kerzenspiel zur Musik**

„Einstimmung 2, 3 und 4“ bereiten dieses Spiel ausführlich vor. Alle Kinder haben eine brennende Kerze im Windlicht und stehen gut verteilt im Raum.

A-Teil	B-Teil
Die Kinder tragen ihre Kerze mit langsamen, feierlichen Schritten vorsichtig durch den Raum. Erklingt am Ende der Phase das Glissando, stellen sie die Kerze vorsichtig auf den Boden ab.	Mit verschiedenen, selbstgefundenen Bewegungen tanzen die Kinder um die eigene Kerze. Die Kerze darf nicht erlöschen.

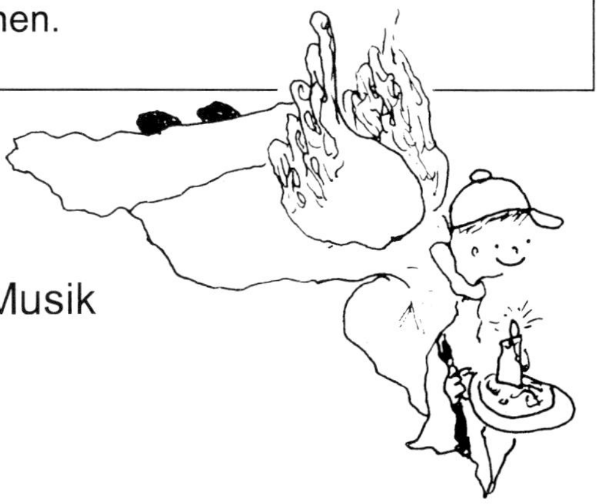

Festgelegte Bewegungsformen mit Musik

1. **Kerzentanz**

Jedes Kind hat eine Kerze im Windlicht. Sie stehen in einem grossen Kreis, halten die Kerze mit beiden Händen vor dem Körper, die Körperfront ist zur Kreismitte gewandt.

A-Teil	B-Teil
Takt 1- 6: Mit 10 langsamen, feierlichen Schritten gehen die Kinder in Tanzrichtung. Mit dem 11. Schritt drehen sie sich wieder zur Kreismitte. Beim Glissando stellen sie die Kerze vorsichtig vor sich auf den Boden, sie haben genug Zeit dazu.	**Takt 1- 6:** Mit kleinen, der Musik entsprechenden gleitenden Schritten (in Achtel) gehen die Kinder zuerst rechts um ihre eigene Kerze herum und dann links um die Kerze ihres rechten Nachbarkindes, so dass eine Acht entsteht. Die Zeit reicht für 2 Achten aus, um am Schluss wieder mit der Körperfront zur Kreismitte vor der eigenen Kerze zu stehen. Beim Glissando heben die Kinder ihre Kerze wieder auf.

Weiterführende Ideen

1. **Bilderbuchgeschichte: „Sarah und die Engelweihnacht“ darstellen**

Die Geschichte von Tomie de Paola (Patmos, Düsseldorf, 1995) handelt davon, dass die drei kleinsten Engel bei der Vorbereitung des himmlischen Weihnachtsfestes immer im Wege stehen. Dabei wollen sie doch auch gerne etwas zum Fest beitragen. Der Nikolaus hat eine Idee, und damit retten sie das Gelingen des ganzen Festes. Die grossen Engel hatten nämlich nicht an die Festbeleuchtung gedacht.

Das Bilderbuch lässt sich sehr gut in ein kleines Theaterstück umsetzen. Die Handlung ist in ein fantasievolles Gewand gehüllt und entspricht gleichzeitig den Alltagserfahrungen der Kinder. Exotische Requisiten sind nicht notwendig. Da aber auf den Bildern sogar die Hunde und Katzen Flügel haben, finden die Kinder Engelsflügel aus Pünktchentüll, die am Rücken mit einer Sicherheitsnadel befestigt werden, ganz toll. Die Geschichte lässt sich besonders gut mit grossen Gruppen spielen. Die verschiedenen Engelsgruppen, z.B. Gärtner- , Küchen- und Musikengel, die intensiv mit den unterschiedlichsten Vorbereitungen beschäftigt sind, sind einfach darzustellen.

Zum Schluss der Geschichte stehen alle - weil niemand daran gedacht hatte - im Dunkeln. Jetzt ist der grosse Moment für die drei kleinen Engel gekommen: Sie bringen für jeden eine brennende Kerze mit. An dieser Stelle ist die offene Form des Kerzentanzes ein besonderer Höhepunkt.

2. **Bewegungstechnik: Schwingendes Gehen im 6/8 Takt**

Die Musik des Kerzentanzes ist im 6/8 Takt komponiert. Zu dieser Taktart passt ein schwingendes, gleitendes Gehen. Sie kommt leider sehr selten in gängigen Kindertänzen vor. Deshalb wird es auch zuerst etwas ungewohnt sein, daraus ein schwingendes Gehen mit einer Dreierbetonung zu entwickeln. Wenn dieses besonders leichtfüssige Gehen, mit Betonung auf das erste und vierte Achtel im Takt, einmal extra zu einer Perkussionsbegleitung der Gruppenleiterin oder zur Musik im B -Teil geübt wird, macht sich das nach einiger Zeit positiv bemerkbar. Die Kinder machen eine wichtige neue Bewegungserfahrung.

TRAUMMUSIK

22

„Traummusik“
Fantasiereise zu Entspannungsmusik

Die Gruppenleiterin zeigt den Kindern eine Spieldose: Zarte Ballerinen oder filigrane Figürchen aus kunstvoll geschnitztem Holz bewegen sich zur leisen Musik des Spielwerks. Die Kinder sollen nun eine bequeme Position einnehmen, die Augen schliessen und sich vorstellen, sie wären ein Spieldosenfigürchen. Die Gruppenleiterin erzählt mit ruhigen Worten zur Musik:

„Es ist mitten in der Nacht. Alles ist ruhig im Spielzeugladen. Nur ein paar Mäuse huschen umher. Plötzlich ertönt ein Aufziehgeräusch und eine feine Musik erklingt. 'Was ist los?', fragt eine ganz kleine, ganz junge Maus. 'Die Tänzerin auf der Spieluhr hat heute Geburtstag. In jeder Geburtstagsnacht wird sie für eine kurze Zeit lebendig und kann hier im Spielzeugladen tanzen', erklärt eine ganz alte, ganz kluge Maus. Und tatsächlich, die kleine Tänzerin schwebt durch den Laden. Sie besucht den dicken Teddybär und dann die Schlafpuppe Clara. Mit grossen Augen entdeckt sie eine Ritterburg. Oben vom Turm winkt sie den Mäusen zu. Sie schwebt zum Fenster, sieht hinaus in die verschneite Winterlandschaft und schaut den tanzenden Schneeflocken zu. Langsam muss sie wieder zurück an ihren Platz auf der Spieldose. Sie dreht sich noch ein paar Runden, bis sie wieder still und unbeweglich dasteht.“

Ist die Musik zu Ende, versuchen alle, die Stille im Raum zu geniessen, bevor die Gruppenleiterin die Kinder auffordert, wieder mit ihren Gedanken zurück in den Raum zu kommen. Dann sollen sich alle räkeln und strecken und die Augen wieder öffnen. Vielleicht hat manches Kind zu berichten, was die kleine Figur noch alles erlebt hat.
Im Anschluss an die Geschichte „Das kleine Gespenst im Spielzeugladen“, S. 144, eignet sich diese Fantasiereise besonders gut.

adidas

Literaturhinweise

Musik- und Tanzerziehung

Beidinger, Werner, Meyerholz, Ulrike und Schütte, Henriette:	„Funkelsteine“ (fächerübergreifendes, themenorientiertes Gestalten im Zusammenspiel von Musik, Kunst und Bewegung); Verlag Moritz Diesterweg, Frankfurt,1997
Haselbach, Barbara:	„Tanzerziehung“; Ernst Klett Verlag, Stuttgart 1975
Haselbach, Barbara:	„Improvisation, Tanz, Bewegung“; Ernst Klett Verlag, Stuttgart, 1979
Haselbach, Barbara:	„Tanzen und Bildende Kunst“; Ernst Klett Verlag, Stuttgart, 1991
Haselbach, Barbara Nykrin, Rudolf und Regner, Hermann(Hrsg.):	„Musik und Tanz für Kinder 1 u. 2“ (Unterrichtswerk zur Früherziehung); Schott Verlag, Mainz, 1986
Haselbach, Barbara Nykrin, Rudolf und Regner, Hermann(Hrsg.):	„Musik und Tanz für Kinder“ (Musikalische Grundausbildung); Schott Verlag, Mainz, 1990
Hoerburger, Christian u. Widmer, Manuela:	„Musik- und Bewegungserziehung, ein Handbuch für die Ausbildung von Erzieherinnen und Erziehern“; Verlag Ludwig Auer, Donauwörth, 1992
Keetman, Gunild:	„Elementaria, erster Umgang mit dem Orff-Schulwerk“; Klett Verlag, Stuttgart, 1970
Leupold, Regula Mahler, Madeleine Neukomm, Mario und Wey, Martin:	„Tanzchuchi, Tanzen in Schule und Freizeit“; Zytglogge Verlag, Bern,1989
Mahler, Madeleine:	„Kreativer Tanz“; Zytglogge Verlag, Bern, 1979
Mahler, Madeleine:	„Tanz als Ausdruck und Erfahrung“; Zytglogge Verlag, Bern, 1987
Meyerholz, Ulrike und Reichle-Ernst, Susi:	„Einfach lostanzen“; Zytglogge Verlag, Bern, 1992
Orff, Carl und Keetman, Gunild:	„Musik für Kinder, Orff Schulwerk“; Band I-V, Schott-Verlag, Mainz, 1950
Peter-Führe, Susanne:	„Rhythmik für alle Sinne“; Herder, Freiburg, 1994
Ring, Reinhard und Steinmann, Brigitte:	„Lexikon der Rhythmik“; Gustav Bosse Verlag, Kassel, 1997

Kindertänze und leichte internationale Folkloretänze
(Tonträger mit Tanzbeschreibungen)

Arbeitsgemeinschaft für Gruppenberatung:	„Tänze für die Gruppe“; AGB, Waidhausenstr. 8/1, A-1140 Wien, 1996
Grosse-Jäger, Hermann:	„Tanzen in der Grundschule“; Fidula, Boppard, 1988
Jungmair, Ulrike (Hrsg):	„Tänze für Kinder“; Fidula, Boppard, 1976
Posada, Jose:	„Escondido“; Fidula, Boppard, 1979
Posada, Jose:	„La Vibora - die Schlange“; Fidula, Boppard, 1982
Posada, Jose:	„Colibri“; Fidula, Boppard, 1986

Fingerspiele

Hofbauer, Friedl:	„Minitheater, Fingerspiele, Spielgedichte“; Kerle-Verlag, Wien, 1996

Kinderliederbücher

Bächli, Gerda: „Zirkus Zottelbär“; Pan-Verlag, Zürich 1985
Bächli, Gerda: „Alle Jahre wieder“; Pan-Verlag, Zürich, 1985
Bächli, Gerda: „Im Bim-Bam-Bummelzug“; Pan-Verlag, Zürich, 1988
Bächli, Gerda: „Es war einmal“ (Lieder zu Grimm-Märchen); Pan-Verlag, Zürich, 1985
Bächli, Gerda: „Strublis Singkalender“; Pan-Verlag, Zürich, 1993

Bächli, Gerda Gohl, Franziska und Kraft, Cornelia „Plipf, Plopf & Plum, ein Kindermusical über den Kreislauf des Wassers“; Pan-Verlag, Zürich 1997

Hering, Wolfgang und Meyerholz, Bernd: „Kinderlieder zum Einsteigen und Abfahren“; Bonn-Bad Godesberg, 1986
Hering, Wolfgang und Meyerholz, Bernd: „Kinderlieder zum Einsteigen und Abfahren II“; Bonn-Bad Godesberg, 1994

Hering, Wolfgang: „Bewegungslieder für Kinder“; Rowohlt Taschenbuch Verlag, Reinbek, 1994

Hering, Wolfgang, Meyerholz, Bernd und Baumgart, Klaus: „Nils und der Nikolaus“; Baumhaus Verlag, Frankfurt 1997

Kreusch-Jacob, Dorothee: „Das Liedmobil“; Ellermann-Verlag, München, 1981
Kreusch-Jacob, Dorothee: „Mit Liedern in die Stille, Meditieren und Gestalten mit Kindern“; Patmos Verlag, Düsseldorf ,1996

Küntzel, Bettina und Lugert, Wulf Dieter: „Kolibri, das Liederbuch für die Grundschule“; Schroedel Verl., Hannover, 1995

Ludwig, Volker und Heymann, Birger: „Das Grips-Liederbuch“; H.Ellermann-Verlag, München, 1978

Merkt, Irmgard und Schnellen, Ulla: „Die Welt dreht sich“ (Interkulturelles Liederbuch); Kultur Kooperative Ruhr, Dortmund (Keine Jahresangabe)

Schöne, Gerhard: „Kinderliedergalerie“; Buschfunk, Rodenbergstr. 8, 10 439 Berlin, 1991
Schöne, Gerhard: „Ich muss singen - Gerhard Schöne Liederbuch“; Buschfunk, Berlin, 1997
Schöne, Gerhard: „Lebenszeichen“ (47 ausgewählte Lieder); Buschfunk, Berlin, 1997
Schöne, Gerhard: „Der glattrasierte Weihnachtsmann, ein Theaterst. mit 12 Liedern“; Buschfunk, 1996

Vahle, Fredrik: „Liederspatz“; Verlag Pläne, Dortmund, 1980
Vahle, Fredrik: „Das Anne Kaffekanne Liederbuch“; Verlag Pläne, Dortmund,1987

Walter, Gisela (Hrsg.): „Neue Kinderlieder“; Ravensburger Verlag, Ravensburg, 1992

Zuckowski, Rolf: „Rolfs Kinderliederbuch“; Sikorski, Hamburg, 1985

Bewegungsspiele, kooperative Spiele

Orlick, Terry: „Kooperative Spiele“; Beltz Verlag, Weinheim, 1982
Orlick, Terry: „Neue kooperative Spiele“; Beltz Verlag, Weinheim, 1985

Instrumentenbau

Kreusch-Jacob, Dorothee: „Mein Instrument mach ich mir selber“; Ravensburger Verlag, Ravensburg, 1987
Martini, Ulrich: „Musikinstrumente - erfinden, bauen, spielen“; Klett Verlag, Stuttgart, 1985

Bettina Egger

Bilder verstehen

Wahrnehmung und Entwicklung der bildnerischen Sprache

«Zeichnen und Malen sind Ausdrucksform für den momentanen psychisch-physischen Zustand wie Erinnerung an die Vergangenheit. Bettina Egger zeigt diese Urformen an Bildbeispielen von zeitgenössischen Künstlern, anhand der figurativen Phasen von Kindern und in Ausdrucksbildern von Erwachsenen auf.» *ZZ*

Br., A4, 168 S.,
CHF. 35.–/€ 17.50
ISBN 978-3-7296-0183-3

Bettina Egger

Malen als Lernhilfe

Malen und bildnerisches Gestalten mit verschiedenen Materialien

«Bildnerisches Gestalten auf Vorschul-, Kindergarten- und Primarschulunterstufe, besonders auch für die Arbeit mit geistig und körperlich behinderten Kindern. Ein faszinierendes Buch, eine eigentliche Pädagogik des Malens.» *E.B.*

Br., A4, 136 S.,
CHF 35.–/€ 17.50
ISBN 978-3-7296-0150-5

Bettina Egger

Faszination Malen

Praktisches, Erzieherisches, Anregendes

Malen und die Malergebnisse als Prozess akzeptieren, nicht deutend oder unter entwicklungspsychologischen Gesichtspunkten einordnend. Anregungen, aber auch Hinweise auf die Schwierigkeiten, die bei der Einrichtung eines Malraumes auftreten können.

Br., A4, 168 S.,
CHF 35.–/€ 17.50
ISBN 978-3-7296-0106-2

Bettina Egger (Hg.)

Ereignis Kunsttherapie

Bettina Eggers Anliegen ist, Kunsttherapie als eigenständigen Beruf zu etablieren und dafür eine gründliche Ausbildung anzubieten. Die Notwendigkeit und die Vielfalt der Möglichkeiten dieser Arbeit zeigen sich in diesem Buch.

Die Beiträge stehen für all jene, die in diesen und weiteren Gebieten mit dem Begleiteten Malen Not lindern, Selbstwert aufbauen, Therapien unterstützen, Menschen mit ihren Ressourcen und Qualitäten in Verbindung bringen und damit neue Perspektiven schaffen.

Br., A4, 128 S., mit 100 Farbbildern.
CHF 42.–/€ 28.–
ISBN 978-3-7296-0660-9

Mit Herz und Hand

Notizen zum Menschenzeichnen

Zuerst werden Einstiegsmöglichkeiten zum Thema dargestellt: Bildbetrachtungen, Spielformen, sprachliche Einstiege, die sich auch in anderen Fächern bewähren, überall dort, wo sich Menschen mit dem Thema «Mensch in der Gruppe» befassen. Es folgen Arbeitsvorschläge: Schattenrisse, Arbeiten mit Ton, Linolschnitt, Maskenbau, Spielaktionen usw.

1.–9. Klasse

Br., A4, 152 S.,
CHF 35.–/€ 17.50
ISBN 978-3-7296-0213-7

Otto Heigold

Alle können drucken

Spuren erspüren

Heigold schlägt einen Dreischritt vor. Erst klopfen die Kinder alle Spuren ab, die der Alltag hinterlässt: auf der Strasse, in der Küche, auf dem Abfallplatz. Diese Spuren werden gesichtet, abgerieben, abgepaust, mit Kreide festgehalten. Danach, im zweiten Schritt, inspirieren sie einfache Druckarbeiten. Als Druckformen dienen Folien, Schwämme, Gummis, Wellkarton, Finger, Schablonen, Klebebänder, Rollen, Stempel, Plastilin, Wäscheklammern. Bis schliesslich die Lust erwacht, einen Schritt weiterzugehen, die Drucke vielfältig weiter zu verarbeiten: zu Collagen, Schrift-Bild-Ensembles oder zum Spurenbuch.

Alle Stufen

Br., A4, 144 S., ***CHF 39.–/€ 26.–***
ISBN 978-3-7296-0643-2

Thomas Lüchinger

Intuitiv Zeichnen

Sehen mit allen Sinnen

Zeichnen wird bei Thomas Lüchinger zu einer Reise, die unendlich viele Möglichkeiten eröffnet. Das Buch enthält erprobte Übungen, die zum Experimentieren mit verschiedensten Objekten, Materialien und Situationen anregen, zum spielerischen und sorgfältigen Umgang mit dem Sehen, mit sich selbst und den anderen. Ein Buch für alle, die Zeichnen lernen wollen als Ausdruck von Hingabe, Spiel und Improvisation. **Oberstufe**

Br., A4, 160 S.,
CHF 42.–/€ 21.–
ISBN 978-3-7296-0506-0

Thomas Lüchinger

Intuitiv Malen

Wege zur Kreativität

Intuitiv Malen ist kein Lehrgang zum Erlernen einer Technik. Vielmehr handelt es sich um eine Einladung an alle, die ihre Kreativität entdecken wollen. Damit sie sich von der inneren Stimme führen lassen und Vertrauen gewinnen in die schöpferischen Kräfte, die in uns allen schlummern, ohne Angst, ohne Konflikte. Dabei wird der Pinsel von der fragenden, inneren Bewegung geführt, von den achtsamen Augen. Alle sind in der Lage, intuitiv zu malen. Dazu braucht es kein Talent. Oft müssen aber Erwachsene diesen Zustand der Freude und des Vertrauens, den sie als Kinder hatten, wieder neu finden. **Oberstufe**

Br., A4, 152 S., mit vielen farbigen Bildbeispielen. ***CHF 42.–/€ 28.–***
ISBN 978-3-7296-0701-9

Jeux Dramatiques 1
Ausdrucksspiel aus dem Erleben

Dieser Band bietet praktisch erprobte Einstiegsspiele und protokollarisch geschilderte Ausdrucksspiele mit und ohne Textvorlagen oder zu bestimmten Musikstücken und Klangbildern. Der reich illustrierte Band ist eine ideale Einführung in die Technik der ‹Jeux Dramatiques›.

Mittel- + Oberstufe

Br., A4, 160 S., ***CHF 35.–/€ 17.50***
ISBN 978-3-7296-0184-0

Heidi Frei
Jeux Dramatiques mit Kindern 2

Die Autorin befasst sich mit der Spielpraxis in Kindergarten, Spielgruppen, Schule und Freizeit. Es ergänzt das erste Buch und richtet sich an alle Lehrkräfte, ErzieherInnen und Eltern, die mit Menschen im Alter von 5 bis 12 spielen möchten. Arbeitsblätter geben Hilfe für Vorbereitung und Durchführung verschiedenster Spielformen und -ideen sowie methodische Tipps.

Kiga, Unter- + Mittelstufe

Br., A4, 160 S., ***CHF 39.–/€ 19.50***
ISBN 978-3-7296-0341-7

Martin Kesselring
Saiteninstrumente selbst gebaut 1

Musiktheoretische Grundlagen über Dreiklänge; Griffbretter und Saiten; Werkstoffe und Werkzeuge; Verfahren und Tipps; Problemstellungen und Improvisationen am Beispiel von Zupfinstrumenten (Psalter, Türharfe); Bauanleitungen und -pläne zu Monochord, Dulcimer, Saitentamburin sowie Hackbrett.
Mit 8 Bauplänen.

Oberstufe

Br., A4, 160 S., ***CHF 43.–/€ 21.50***
ISBN 978-3-7296-0418-6

Martin Kesselring
Saiteninstrumente selbst gebaut 2

Theoretische Grundlagen

Stimmungen wichtiger Saiteninstrumente, Proportionen und Intervalle, Werkzeuge, Schablonen, Bohrlehren und Bauformen, Verfahren.

Beispiele Instrumentenbau

Scheitholt, Konzert-, Akkord-, Violin- und Halszither, Klein-Hackbrett, Banjo, Gitarre etc.

Reparaturen und Restaurationen

Mit 16 Bauplänen.

Oberstufe

Br., A4, 192 S., ***CHF 49.–/€ 24.50***
ISBN 978-3-7296-0340-0

Schulmusik konkret 1 & 2

Band 1

Grundlagen und praktisches Musizieren / Musikkunde

Br., A4, 212 S., ***CHF 42.–/€ 21.–***
ISBN 978-3-7296-0412-4

Band 2

Musiklehre / Unterrichtslehre / Unterrichtsformen

Br., A4, 232 S., ***CHF 42.–/€ 21.–***
ISBN 978-3-7296-0413-1

Begleit-CD zu beiden Bänden

Doppel-CD

ZYT 4291, ***CHF 48.–/€ 24.–***

Alle Stufen

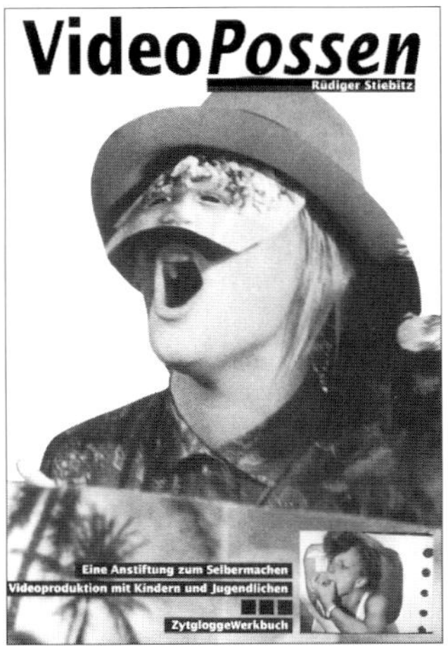

Rüdiger Stiebitz
VideoPossen

Hier werden ungenutzte Möglichkeiten des Mediums Video aufgezeigt. Die Interaktion mit dem Monitor macht klar, dass es auch anders geht – ohne Technik, Drehbuch, Filmsprache, Schnitt. Das ganze Prozedere wird ins Vorfeld der Kamera verlegt, wo z. B. Kartontheater gespielt wird und reale Personen reden, als ob sie aus dem gleichen Stoff wären. Das vorgeschlagene Verfahren ist bei der Arbeit mit jungen Menschen sehr vorteilhaft. Überraschende Lösungen lassen die Ängste vor dem eigenen Tun schnell verfliegen.

Mittel- + Oberstufe

Br., A4, 128 S., ***CHF 39.–/€ 19.50***
ISBN 978-3-7296-0430-8

Märku Hafner
Mit Musig ungerwägs

«Märku Hafner zählt zu den Volksmusikern, die nicht nur Musik machen, sondern Volksmusik leben. In seinem Buch sind 59 Lieder und Tänze für greifbare, transportierbare Instrumente bearbeitet. Dazu 12 Tanzbeschreibungen und viele Geschichten.

Die vorliegenden Bearbeitungen wollen anregen und lassen Eigenkreativität, andere Stimmführungen, Harmonien, Tempi und Instrumentierungen durchaus zu.» *‹folk-michel›*

Br., A4, 176 S., ***CHF 39.–/€ 26.–***
ISBN 978-3-7296-0461-2

Märku Hafner
Wenns gyget

«Alewander, Walzer, Polka, Schottisch, Ländler, Stümpli, Marsch, Mazurka. Anderthalb Jahrhundert unverfälschte alpine Volksmusik. 39 Tänze aus dem Repertoire der ‹Bärner Volksmusikante› und der ‹Husmusig Jeremias›. Spielbereit notiert, versehen mit zweiter Stimme, Begleitakkorden, Anleitungen zum Musizieren, erläuternden Texten, höchsten Ansprüchen gerecht werdend. Ein Buch für das Ohr, das Auge, den Geist; für lustvolles Musizieren, flinke Füsse, innige Tanzpaare. Unmodern modern. Mit allen Eigenschaften eines Klassikers der Volksmusiksammlungen.» *Ueli Steiner*

Br., A4, 144 S., ***CHF 39.–/€ 26.–***
ISBN 978-3-7296-0709-5

Begleit-CD zum Buch „Heisse Füsse, Zaubergrüsse“

Frühling

1. Tiere erwachen (2:43)
2. Schmetterlingstanz (1:39)
3. Erste Sonnenstrahlen (Entspannungsmusik) (5:30)

Sommer

4. Pack die Badehose ein (2:31)
5. Glühwürmchentanz (2:21)
6. Afrika (3:55)
7. Fächertanz (2:14)
8. Wir verreisen (4:10)
9. ...mit der Eisenbahn (1:46)
10. ...mit dem Flugzeug (1:38)
11. ...mit dem Schiff (2:10)
12. ...mit der Kutsche (1:46)
13. ...auf dem Pferd (1:38)
14. ...im Heissluftballon (Entspannungsmusik) (2:09)

Herbst

15. Tanz der Herbstblätter (2:50)
16. Immer schneller (2:49)
17. Mein Drache geht auf Reisen (Entspannungsmusik) (4:09)

Winter

18. Wir fahren Ski (2:35)
19. König Dickbauch und Prinzessin Federleicht (2:41)
    („Monster und Gummibärchen“ ebenfalls CD Nr. 19)
20. Im Spielzeugladen (3:29)
21. Kerzentanz (2:49)
22. Traummusik (Entspannungsmusik) (3:48)

Mit Hilfe des CD-Logos findet man im Buch die Erklärungen zu den Musikstücken. Die Nummern der Ideenpakete stimmen mit den Kennzahlen auf der CD überein.